Christian Henze

Einfach gut kochen

Vom Meisterkoch persönlich: Die besten Rezepte, Tips & Tricks aus der

Bayern 1

»Schlemmerecke«

GU GRÄFE UND UNZER

Was Sie wo finden ...

»Was mach’ ich jetzt

Es ist Samstag abend in Probstried, und im Landhaus Henze ist schon lange kein Platz mehr frei. In der Küche gleiten zischende Pfannen über die quadratmetergroße Herdplatte, im Ofen darunter geht die Viktoriabarsch-Lasagne für Tisch zwölf in die letzten Minuten. Es herrscht konzentrierte Spannung – jedes unnötige Wort wäre Zeitverschwendung. »Telefon, Herr Henze. Scheint wichtig!« Am Apparat eine Dame aus München: »Herr Henze, ich hab’ Sie am Montag auf Bayern 1 gehört und will meinen Gästen gerade Ihre tolle Tomatenmousse servieren. Schmier’ ich die jetzt aufs Brot, oder wie?« Ein kurzes Lächeln, und eine knappe Minute später ist wieder alles im Lot. Die Gäste in München bekommen ihre Mousse stilgerecht, und in der Küche des Landhauses geht die Ofentür auf: »Tisch zwölf kann jetzt, bitte!«

Der Gastronom und Profikoch Christian Henze, Jahrgang 1968, ist ein begehrter Mann. Und das nicht erst, seit er wöchentlich in der »Bayern 1 Schlemmerecke« des Bayerischen Rundfunks mehr als 1 Million Hörern seine persönlichen Tricks und Lieblingsrezepte verrät. Wer mit 27 Jahren schon einem elegant-rustikalen Hotel seinen Namen geben konnte, wer zuvor unter den strahlendsten Sternen Europas kochen durfte, der muß schon über das gewisse Etwas verfügen. Christian Henze nennt es schlicht »das Glück, Erfolg zu haben«. Zu diesem Glück gehört allerdings auch, daß ihm die Natur außer der feinen Zunge und einer ordentlichen Portion Charme noch eine gute Nase mitgegeben hat. Und die sagte ihm früh, wo’s lang geht auf dem Weg nach oben.

So stand der Allgäuer nach seiner Kochlehre bald bei Agnes Amberg in Zürich am Herd. Die große Dame der Schweizer Gastronomie weckte in ihm endgültig jene ansteckende Begeisterung für die Kochkunst – die anschließend in Eckart Witzigmanns Aubergine dem Härtetest unterzogen wurde: »Eine sehr lehrreiche Zeit, doch der Erfolgsdruck war höllisch«, erinnert sich Henze. »Test bestanden«, hieß es aber, als ihn der Lebemann Gunter Sachs vom Fleck weg als Privatkoch engagierte. München, Gstaad, St. Tropez, Palm Springs waren nun seine

der Mousse, Herr Henze?«

zeitung genauso präsent wie im Internet und auf dem Fernsehschirm. Am Abend aber gehört er alleine seinem Landhaus. »Da kann man mir bieten was man will, spätestens ab fünf Uhr abends stehe ich am Herd. Das ist die Basis, dort wollen meine Gäste mich haben.« Und dort pflegt er eine saisonale Küche, die für das Beste aus der Region genauso offen ist wie für Delikates aus aller Welt.
»Top heißt nicht teuer«, ist dabei sein Credo, und einige seiner besten Gerichte basieren auf ganz vertrauten Zutaten. Eine mit Madeira, Portwein und altem Balsamico veredelte Linsensuppe oder mit Fenchel und Weißkraut geschmorte Hähnchenkeulen sind Beispiele dafür. Und sie stehen auch für Christian Henzes Vorliebe für kräftige, eindeutige Aromen. »Dabei ist ganz wichtig, daß die Melange stimmt – im Topf, auf dem Teller und auf der Zunge.«

Menschlich stimmt die Mischung ohnehin im Hause Henze. Denn Gattin Pia hält die Fäden außerhalb der Küche in der Hand. Sie und ihr Team führen die Gäste mit sehr viel Charme und Kompetenz durch den »Wohlfühltag à la Henze«. »Ohne meine Frau wäre ich nicht hier«, gesteht Christian Henze, »sie ist die beste Partnerin der Welt und noch dazu ein gastronomisches Naturtalent«. Und Mutter von Tochter Alina, für die der vielbeschäftigte Vater am liebsten jede freie Minute reservieren würde. Die Arbeit an diesem Kochbuch machte ihm das nicht leichter – doch jetzt ist vielleicht etwas Entspannung drin, denn: »Wegen der Tomatenmousse wird mich jetzt wohl niemand mehr anrufen.«

Übrigens: Das Rezept dazu finden Sie auf Seite 44. Und wenn sie noch mehr Tricks und Tips erfahren wollen: Jeden Montag ab 10.30 können Sie Christian Henze auf Bayern 1 in der »Schlemmerecke« hören.

Arbeitsplätze, mal kochte er nur für die Familie, mal für ein Haus voller Stars und Freunde. Einmal schaute ihm sogar Chinatown-Regisseur Roman Polanski ein paar Tricks aus der asiatischen Küche ab – Henzes Einstand als Medienkoch sozusagen.
»Zwei tolle Jahre«, sagt er heute, »aber ich wollte mein eigenes Ding machen. Und zwar in Bayern.« Daraus wurde das Landhaus Henze. Wie toll auch dieses Ding inzwischen ist, kann man in Restaurantführern und Radiosendungen erfahren, daneben ist Christian Henze in der Lokal-

» Kochen ist ein Gefühl. Wenn noch Liebe und Leidenschaft dazu kommt, dann wird es ein Gedicht. «

Frühling: Eine Küche

ie belebt!

Menüvorschläge

Gratinierte Rote Bete mit Kräutern
Saiblingsrouladen mit Kräuterschaum
Erdbeer-Rhabarber-Suppe mit Prosecco

▼

Limetten-Quark-Ravioli mit Salbeibutter
Saltimbocca vom Lamm mit Madeirasauce
Erdbeer-Rhabarber-Suppe mit Prosecco

▼

Spargelcreme mit Pinienkernen
Maispoulardenbrust mit Lauchrisotto
Erdbeer-Mascarpone-Creme im Mandelnest

Das Jahr fängt ganz l

Der Allgäuer Winter kann so schön sein, wie er will, aber irgendwann reicht's auch mir mal mit Schnee und Eis. Wenn dann der Frühling über die Alpen zu uns kommt, dann werden auch meine Lebensgeister wieder richtig wach. All die Düfte und Aromen, die uns so lange gefehlt haben, sind nun wieder in der Luft. Wenn ich mir dann eines frühen Morgens meine erste Nase voll Estragon und Basilikum aus unserem Kräutergarten holen kann, dann ist für mich das Frühjahr endgültig angekommen.

Frühling im Allgäu – und die Lebensgeister erwachen

Jetzt habe ich Ihnen auch schon zwei meiner Lieblingskräuter verraten, mit denen ich gerne markante Akzente in meiner leichten, frischen Frühlingsküche setze. Estragon ist besonders in Frankreich beliebt. Dort gehört er neben Petersilie, Kerbel und Schnittlauch zu den »fines herbes«, einer klassischen Kräutermischung, die vor allem Fisch und hellem Fleisch das gewisse Etwas verleiht. Wie vielseitig er ist, zeigen zwei meiner Frühlingsgerichte: Beim gebratenen Lachsfilet auf mariniertem Gemüse (Rezept Seite 14) harmoniert er mit spritziger Säure, im Kalbsragout (Rezept Seite 34) gibt er einem rahmigen Gericht der klassischen Hochküche seine Note.

Als echten Italiener kennen wir das Basilikum, obwohl es auch im übrigen Mittelmeerraum eine große Rolle spielt. Natürlich mag ich es zu Tomaten und Nudeln, aber probieren Sie es doch auch mal zu Kaninchenkeulen, die mit Perlzwiebeln, Portwein und Sahne im Ofen geschmort werden (Rezept Seite 30). Noch mehr als beim Estragon zählt beim Basilikum die Regel, zartblättrige Kräuter nur ganz leicht zu erhitzen. Geben Sie es daher erst kurz vor dem Servieren zum fertigen Gericht, damit es sein tolles Aroma nicht verliert.

Besonders empfindlich ist auch der Rucola. Ganz frisch hat er im Idealfall diesen schön herben, nussigen Geschmack. Doch kaum kriegt er ein bißchen Hitze ab, schmeckt er wie Gras – allen Versuchen von In-Köchen zum Trotz. In einem Rucola-Pesto (Seite 20) aber entfaltet er auch bei einem warmen Gericht

ht an

sein ganzes Aroma. Für ein echtes Pesto müßte er eigentlich mit dem Messer gehackt und dann im Mörser zerrieben werden. Im Mixer geht das zwar schneller, sollte aber erst kurz vorm Servieren geschehen, sonst werden die Kräuter bitter. Ansonsten hacke ich Kräuter immer mit dem Messer. Sie sollten dabei möglichst trocken sein, damit ihre guten Eigenschaften sich nicht im überflüssigen Wasser auflösen. Bei selbstgezogenen Pflänzchen oder Kräutern von einem Händler mit sauberer, unbelasteter Ware können Sie sich das Waschen ganz sparen. Das frischeste Aroma sitzt nämlich direkt auf den Blättern. Falls es doch nötig ist, waschen Sie die ganzen Sträuße kurz unter fließend kaltem Wasser und schwenken Sie sie dann gut trocken – einfach per Hand am offenen Fenster.

Estragon, Basilikum und Rucola – das sind ja nur einige aus der faszinierenden Welt der Kräuter. Gehen Sie ruhig mal auf Entdeckungsreise, schnuppern Sie sich durch die Gemüseläden und wagen sie auch mal mutige Kombinationen. Wandern Sie raus in die Natur, da wächst so manches bekannte Kraut noch wild und schmeckt – natürlich nur weitab von der Straße – besonders kraftvoll.

Aber der Frühling wäre für uns in der Küche nur eine halbe Sache ohne Erdbeeren. Wenn die Zeit reif ist, gehe ich schon mal mit meiner Brigade zum Pflücken aufs Feld.
Da wächst auch das Gefühl zum Produkt; gerade bei den Erdbeeren verbirgt sich ja hinter einem attraktiven Äußeren oft eine banale Leere. Ich mißtraue da eher der Schönheit, oft taugen die weniger makellosen viel mehr. Wunderbar versteht

Frischer Rosmarin – ein Vorgeschmack auf den Sommer

sich die Erdbeere mit dem säuerlichen Rhabarber, der mit ihr zugleich seine beste Zeit hat. Beides mit einem Schuß Prosecco in einem kühlen Süppchen (Rezept Seite 38) vereint, das ist schon was für die etwas heißeren Frühlingstage. Und dann kann auch der Sommer bald kommen.

» Wenn ich mir eines Morgens meine erste Nase voll Kräuter holen kann, ist das Frühjahr endgültig angekommen. «

Gemüsequiche mit M

Zutaten für 6–8 Personen (als Vorspeise)

100 g kalte Butter
250 g Mehl, Salz
100 ml lauwarmes Wasser

250 g Möhren
1 Zwiebel
100 g Knollensellerie
300 g Zucchini
100 g Champignons
2 EL Butter
Pfeffer aus der Mühle
Muskatnuß

1 Knoblauchzehe
2 Eier
300 ml Sahne
1 Kugel Mozzarella (125 g)
Mehl zum Ausrollen
Butter für die Form

Zubereitungszeit: 1 Stunde 45 Minuten

Kalorien/Joule pro Person: 370/1570

1 Für den Teig die Butter in Stücke schneiden und mit Mehl und 1/2 TL Salz mit den Fingern feinbröselig verreiben. Das Wasser zugeben und alles schnell zu einem glatten Teig verarbeiten. Dabei nicht zu lange kneten, sonst wird der Teig zäh. In Folie wickeln und 2 Stunden kühlen.

2 Möhren, Zwiebel und Sellerie schälen, Zucchini und Champignons putzen, waschen und trockentupfen. Alle Gemüse in kleine Würfel schneiden und in einer Pfanne mit der Butter anschwitzen und 5 Minuten dünsten lassen. Das Gemüse mit Salz, Pfeffer und Muskat abschmecken und abkühlen lassen.

3 Den Knoblauch schälen, fein hacken und mit Eiern und der Sahne verquirlen. Den Guß mit Salz, Pfeffer und Muskat abschmecken. Den Mozzarella in Scheiben schneiden. Den Ofen auf 200° vorheizen.

4 Den Teig auf mit Mehl bestäubter Arbeitsfläche 5 mm dick ausrollen und eine gebutterte Quiche- oder Springform damit auslegen. Den Boden öfters mit der Gabel einstechen.

5 Die Gemüsemischung nun in die Form geben und mit dem Guß auffüllen. Alles mit Mozzarella belegen, für etwa 45 Minuten auf der mittleren Schiene backen. Warm servieren.

Zum Servieren nach Belieben in Rauten schneiden und mit Salat anrichten.

» Ein fixer Teig aus Mehl, Butter und Wasser, darauf eine ordentliche Portion Allgäuer Gartengemüse mit Ei und Sahne, zum Schluß noch etwas Mozzarella – auch mit schlichten Zutaten läßt sich etwas Besonderes zaubern. «

zarella

Lachsfilet auf marinie

em Gemüse

Zutaten für 4 Personen (als Vorspeise)

1–2 Möhren (150 g)
1/2 Stange Lauch
1 Zucchini (150 g)
Salz, 2 Tomaten
1 Knoblauchzehe

2–3 EL Balsamico-Essig
3 EL Kalbsfond (Rezept Seite 138, ersatzweise aus dem Glas)
2 EL Prosecco oder Weißwein, Zucker
5 EL Traubenkernöl oder anderes Pflanzenöl
2 EL Sojasprossen

4 Lachsfilets (je 100 g)
4 EL Olivenöl
1/2 TL gehackter Estragon
Saft einer halben Zitrone
Pfeffer aus der Mühle

Zubereitungszeit: 50 Minuten
Kalorien/Joule pro Person: 500/2080

1 Die Möhren schälen. Lauch und Zucchini putzen und waschen. Alles in feine Streifen schneiden und nacheinander in kochendem Salzwasser kurz aufwallen lassen, so daß das Gemüse noch gut Biß hat. In Eiswasser abschrecken, abtropfen lassen und mit Küchenpapier trockentupfen.

2 Die Tomaten einritzen, 10 Sekunden ins kochende Wasser tauchen und dann im Eiswasser abschrecken. Die Haut abziehen, die Kerne entfernen und das Fruchtfleisch würfeln. Knoblauch schälen und fein würfeln. Den Ofen auf 80° vorheizen.

3 Essig, Kalbsfond, Prosecco, Salz und Zucker in eine Schüssel geben und mit einem Schneebesen so lange aufrühren, bis sich Salz und Zucker gelöst haben.

4 Das Öl nach und nach unter Rühren zugeben und die Marinade abschmecken. Die Gemüsestreifen und die Sojasprossen damit vermischen und kalt stellen.

5 Den Lachs mit Salz würzen. Das Öl in einer beschichteten Pfanne nicht zu stark erhitzen und die Lachsfilets darin von beiden Seiten etwa 1 1/2 Minuten behutsam anbraten. Dabei den Fisch immer wieder mit heißem Öl übergießen.

6 Nun Knoblauch, Estragon, Tomaten und Zitronensaft kurz mitdünsten lassen. Mit Salz und Pfeffer würzen. Den Fisch im Ofen 10 Minuten nachgaren lassen.

7 Gemüse in der Mitte der Teller anrichten, Lachsfilets darauf arrangieren. Mit dem Tomatengemüse aus der Pfanne garnieren.

» Durch das Beschöpfen mit Olivenöl beim Braten bekommt der Lachs sein besonderes Aroma. Am besten schmeckt das bei Wildlachs. «

Spargelcreme mit Pi

1 Den Spargel waschen und an den Enden um etwa 2 cm kappen, so daß holzige Stücke entfernt werden. Die Spitzen auf einer Länge von 3 cm abschneiden. Den Rest der Stangen schälen und in kleine Stücke schneiden.

2 1 l Salzwasser mit dem Zucker sowie der Orangen- und Zitronenscheibe aufkochen. Die Spargelspitzen darin bei geringer Hitze in etwa 8 Minuten bißfest kochen. Den Sud durch ein Sieb gießen und etwas abkühlen lassen.

3 Die Lauchzwiebeln waschen und putzen. Das Grün wegschneiden und anderweitig verwenden, zum Beispiel für Brühe. Das Weiße in Ringe schneiden und mit den rohen Spargelstücken in einem Topf in der Butter farblos andünsten. Unter ständigem Rühren das Mehl darin kurz anschwitzen.

4 Den Spargelsud unter Rühren zugießen und 10-15 Minuten kochen lassen, bis der Spargel weich ist. Die Pinienkerne in einer trockenen Pfanne anrösten.

5 Die Suppe pürieren und durch ein feines Sieb passieren. Die Sahne mit dem Schneebesen steif schlagen (das geht ganz leicht, wenn sie samt Rührschüssel gut vorgekühlt wurde). Mit der Crème fraîche in die Suppe rühren.

6 Die Suppe mit den Spargelspitzen nochmals erwärmen, aber nicht kochen. Mit etwas Salz und frisch geriebenem Muskat abschmecken.

7 Die Suppe in vorgewärmte Teller verteilen und mit den angerösteten Pinienkernen garnieren.

Zutaten für 4 Personen

250 g weißer Spargel
Salz
1/2 TL Zucker
1 unbehandelte Orangenscheibe
1 unbehandelte Zitronenscheibe
3 Lauchzwiebeln
30 g Butter
1 TL Mehl

1 EL Pinienkerne
3 EL gut gekühlte Sahne
100 g Crème fraîche
Muskatnuß

Zubereitungszeit: 50 Minuten

Kalorien/Joule pro Person: 220/900

nkernen

» Kerne und Nüsse
bekommen noch mehr
Aroma, wenn sie
kurz in der
Pfanne angeröstet
werden – und
zwar ohne Fett,
denn davon
haben sie
genug. «

Limetten-Quark-Ra

i mit Salbeibutter

Zutaten für 6–8 Personen

300 g Mehl
6 EL lauwarmes Wasser
Salz
1/2 EL Öl
2 Eier

2 Schalotten
100 g gekochter Schinken
2 EL Butter (40 g)
2 Limetten
2 Eier
150 g Quark (20 % Fett i. Tr.)
100 g frisch geriebener Parmesan
1 EL Semmelbrösel
Pfeffer aus der Mühle

Mehl für die Arbeitsfläche
1 EL gehackter Salbei

Zubereitungszeit: 2 Stunden 15 Minuten

Kalorien/Joule pro Person: 270/1120

1 Das Mehl in eine Schüssel sieben und eine Mulde formen. Darin das Wasser mit Salz, Öl und 2 Eiern verquirlen und alles zu einem glatten, elastischen Teig verkneten. Ist er zu trocken, noch etwas Wasser dazugeben. Den Teig in Folie gewickelt 15 Minuten kühlen.

2 Schalotten schälen und fein würfeln, den Schinken ebenfalls würfeln. Schalotten in 1 EL Butter 1 Minute anschwitzen, zum Schluß den Schinken darin schwenken, abkühlen lassen.

3 Limetten heiß waschen und die Schale dünn abreiben, 4 EL Limettensaft auspressen. 1 Ei trennen, das Eiweiß für später beiseite stellen.

4 Den Quark cremig rühren und mit Schinken-Zwiebel-Mischung, Limettensaft und -schale, Eigelb und übrigem Ei sowie mit Parmesan und Bröseln mischen. Die Füllung mit Salz und Pfeffer abschmecken.

5 Den Teig nun auf bemehlter Fläche messerrückendick ausrollen und mit einem Kreisausstecher (Ø etwa 6 cm) ausstechen. Übrigen Teig erneut verkneten und ausstechen.

6 Die Füllung häufchenweise auf die Teigkreise setzen und den Rand mit etwas verquirltem Eiweiß bepinseln. Zu halbmondförmigen Ravioli zusammenklappen und die Ränder mit einer Gabel andrücken. 15 Minuten trocknen lassen.

7 Nun die Ravioli portionsweise in siedendem Salzwasser in je 4–5 Minuten garen. Inzwischen den Salbei in der übrigen Butter aufschäumen lassen.

8 Die Limettenravioli mit der Schaumkelle aus dem Wasser heben, gut abtropfen lassen und in der Salbeibutter schwenken. Mit Limettenschale garnieren.

Ravioli lassen sich gut auf Vorrat einfrieren. Geben Sie sie erst auf einem Gitter aufgereiht über Nacht in den Tiefkühler, danach werden sie luftdicht in Tüten oder Dosen verpackt.

Tagliatelle mit Ruco

1 Rucola und Basilikum waschen und von den Stielen befreien. Den Knoblauch schälen und fein würfeln. Die Champignons putzen, dabei möglichst nur mit einem trockenen Tuch abwischen, und in dünne Scheiben schneiden.

2 Die Tagliatelle in genügend Salzwasser nach Packungsaufschrift bißfest kochen.

3 Inzwischen Rucola, Basilikum, Knoblauch, Pinienkerne und Parmesan in einem Mixer mit dem Olivenöl fein pürieren, bis eine cremige Konsistenz entsteht. Anschließend mit etwas Salz und Pfeffer würzen. Die Champignons in den 4 EL Olivenöl etwa 1 Minute sanft braten und mit Salz, Pfeffer und etwas Zitronensaft würzen.

4 Die abgegossenen Tagliatelle mit dem Pesto vermischen und auf vier vorgewärmte Teller verteilen. Die Champignons auf einem Küchenpapier abtropfen lassen und auf den Nudeln anrichten.

Dazu paßt ein trockener, leichter, würziger Weißwein, zum Beispiel ein Südtiroler Chardonnay.

Zutaten für 4 Personen

100 g Rucola
3 Zweige Basilikum
1 Knoblauchzehe
150 g Champignons
350 g Tagliatelle (feine Bandnudeln)
Salz
50 g Pinienkerne
50 g frisch geriebener Parmesan
etwa 100 ml Olivenöl
Pfeffer aus der Mühle

4 EL Olivenöl zum Braten
etwas Zitronensaft

Zubereitungszeit: 50 Minuten
Kalorien/Joule pro Person: 660/2760

» Als Pesto zubereitet kann sich der prägnante, aber flüchtige Geschmack des Rucola auch in einem warmen Gericht entfalten. Mit ein paar gebratenen Steinpilzen statt den Champignons ist das eine besonders feine Sache. «

Pesto und Pilzen

Gratinierte Rote Be

» Geschmorte Rote Bete schmeckt angenehm süß, da ist die würzige Schärfe von Meerrettich und Senf die perfekte Ergänzung. Und haben Sie schon mal die Stiele von junger Roter Bete probiert?

Einfach in Butter anschwitzen und mit etwas Flüssigkeit knackig dünsten – eine tolle Sache! «

it Kräutern

1 Die Roten Beten waschen und schälen. Die Knollen in 1cm dicke Scheiben schneiden. Die Butter in einer beschichteten Pfanne erhitzen und die Gemüsescheiben darin nacheinander beidseitig anbraten.

2 Dann alle Scheiben wieder in die Pfanne geben und mit Weißwein ablöschen. Die Roten Beten mit Essig und Kümmel in etwa 25 Minuten zugedeckt sanft köcheln lassen, bis sie bißfest sind. Falls nötig, dabei noch etwas Wasser nachgießen. Zum Schluß mit Salz und Pfeffer würzen, die Kräuter zugeben und warmstellen.

3 Für den Sabayon die Sahne in einer kleinen, sauberen Metallschüssel mit dem Schneebesen steif schlagen – wenn Sahne und Schüssel vorher gut gekühlt wurden, geht das ganz schnell.

4 Das Ei mit dem Wermutwein in einer größeren Metallschüssel in einen Topf mit siedendem, jedoch nicht kochendem Wasser setzen. In diesem Wasserbad die Masse warm aufschlagen, bis sie dickcremig ist und ihr Volumen verdoppelt hat. Meerrettich und Senf einrühren, die Sahne behutsam unterziehen und den Sabajon mit Salz abschmecken.

5 Die warmen Rote Bete-Scheiben auf vorgewärmte Teller verteilen, mit dem Sabajon überziehen und 2–3 Minuten auf der obersten Backofenschiene unter den Grill schieben, bis die Oberfläche leicht gebräunt ist. Die gratinierten Roten Beten sofort servieren.

Dazu schmeckt ein Feldsalat mit Balsamico-Vinaigrette wunderbar.

Zutaten für 4 Personen

2 mittelgroße Rote Beten (je 150 g)
2 EL Butter
200 ml trockener Weißwein
1 TL Balsamico-Essig
1 Msp. Kümmelsamen
Salz
Pfeffer aus der Mühle
1 EL frisch gehackte Kräuter (Petersilie und Majoran)

3 EL gut gekühlte Sahne
1 Ei
5 EL Noilly Prat (französischer Wermutwein, ersatzweise trockener Weißwein)
1 EL Meerrettich aus dem Glas
1 TL Rotisseur-Senf

Zubereitungszeit: 1 Stunde
Kalorien/Joule pro Person: 200/830

Geschmorte Forelle

Zutaten für 4 Personen

4 fangfrische, küchenfertige Forellen (je 300 g)
Salz
Pfeffer aus der Mühle
1/2 Bund Estragon
1/2 Bund Basilikum
2 Schalotten
2 Stangen Staudensellerie
100 g Champignons
2 Tomaten
40 g Butter
1/4 l trockener Weißwein
200 ml Sahne
1 TL Kapern
1 Zitrone
1 Msp. gehackter Knoblauch

Zubereitungszeit: 1 Stunde
Kalorien/Joule pro Person: 530/2230

1 Die Forellen kurz mit kaltem Wasser abwaschen und mit einem Küchenpapier trockentupfen. Mit Salz und Pfeffer innen und außen würzen. Die Kräuter waschen und die Forellen damit füllen.

2 Die Schalotten schälen. Staudensellerie waschen und putzen. Champignons putzen, dabei möglichst nur mit

» Mal was anderes als die klassische Forelle blau oder auf Müllerin Art: Forelle mit Kräutern in Weißwein geschmort – ein unschlagbares Aroma! «

n Frühlingsart

einem trockenen Tuch abwischen. Die Tomaten kurz mit kochendem Wasser überbrühen, abschrecken, häuten und entkernen. Alle vorbereiteten Zutaten in kleine Würfel schneiden. Den Backofen auf 80° vorheizen.

3 Die Butter in einer großen Pfanne mit passendem Deckel zerfließen lassen und die Forellen im heißen Fett beidseitig anbraten. Vorsichtig herausnehmen und im Ofen warmstellen.

4 Im Bratensatz alle gewürfelten Gemüse außer der Tomate glasig anschwitzen. Mit Weißwein ablöschen und die Forellen darauf setzen. Die Pfanne mit einem Deckel verschließen und den Fisch darin 10 Minuten bei geringer Hitze dünsten lassen.

5 Die Forellen nochmals aus der Pfanne nehmen und im Ofen bis zum Anrichten warmstellen. Die Sahne zum Gemüse geben und sämig einkochen lassen, darin die Tomatenwürfel und Kapern kurz erhitzen und alles mit Salz, Zitronensaft und Knoblauch abschmecken.

6 Die Forellen eventuell enthäuten, auf Tellern anrichten und mit der Gemüsesauce übergießen.

Saiblingsrouladen mi

Zutaten für 4-6 Personen

Filets von 3 Saiblingen (400-500 g)
400 g Lachsfilet
200 g Sahne
2 Eiweiß
Salz

5 EL Joghurt
2 EL gehackte Kräuter (Basilikum, Estragon und Petersilie)
Pfeffer aus der Mühle
Zitronensaft

1 Die Fischfilets waschen und gut trockentupfen. 200 g Lachs fein würfeln und mit Sahne, Eiweiß und Salz vermischt tiefkühlen, bis die Flüssigkeit anzufrieren beginnt. Den übrigen Lachs in fingerdicke Streifen schneiden.

2 Die eisgekühlten Zutaten im Mixer fein pürieren. Dabei das Gerät öfters schütteln, damit sich die Zutaten gut mischen. Die Farce abschmecken und kühl stellen.

3 Drei Stück Frischhaltefolie auf der Arbeitsfläche ausbreiten und mit Salz bestreuen. Jeweils zwei Filets dicht nebeneinander darauflegen. Mit Salz würzen.

4 Die Fischfarce auf die Filets streichen. Die Lachsstreifen jeweils auf das schmale Ende der Filets legen.

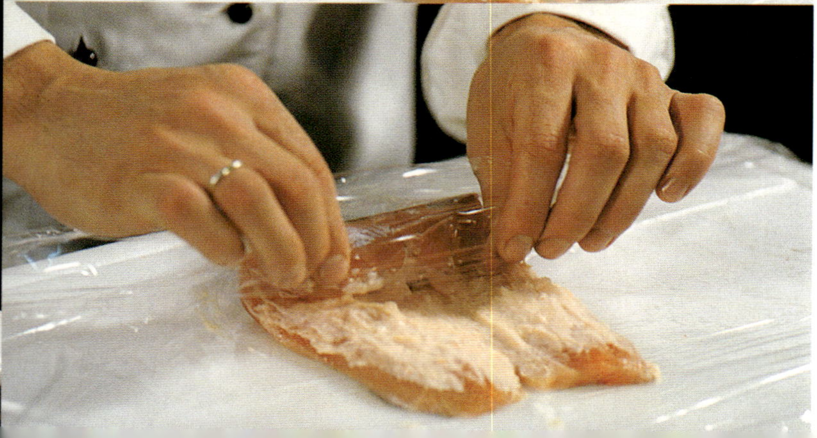

räuterschaum

5 Schwanzspitzen über den Lachs klappen und alles mit Hilfe der Folie zu einer straffen Roulade rollen - wie mit dem Handtuch beim Strudel. Frischhaltefolie darumwickeln, an den Spitzen eindrehen und festhalten.

6 Nun die Roulade mehrmals über die Arbeitsfläche rollen, bis sie straff in der Folie sitzt. Die Enden zubinden und die Roulade wie ein Bonbon in Alufolie einwickeln. Die übrigen Filets ebenso vorbereiten.

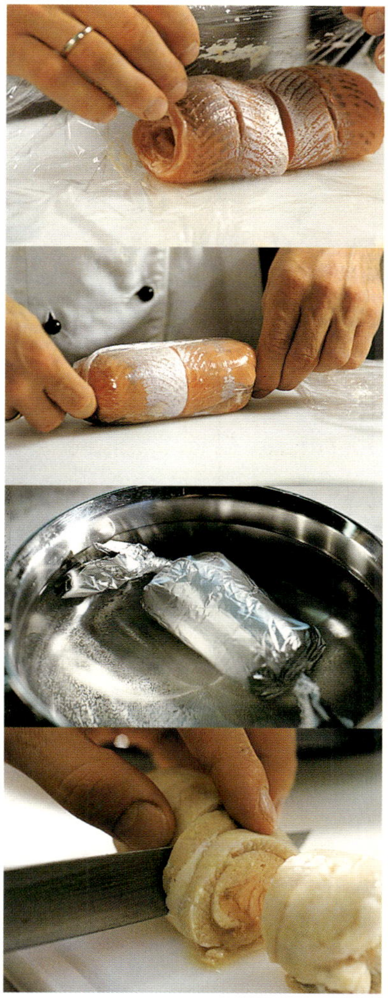

7 Wasser im Fischtopf oder Bräter aufkochen und die Rouladen darin knapp unter dem Siedepunkt 20 Minuten pochieren.

8 Für den Kräuterschaum Joghurt und Kräuter mit einem Stabmixer aufschäumen und mit Salz, Pfeffer und Zitronensaft würzen.

9 Die fertigen Rouladen auspacken, in Scheiben schneiden und mit dem Kräuterschaum servieren.

Zubereitungszeit:
1 Stunde 20 Minuten

Kalorien/Joule pro Person: 550/2300

Dazu passen Wildreis und Spinat. Sie können die Roulade auch kalt als Vorspeise mit Toast und Salat servieren.

» Damit die Fischfarce beim Mixen nicht zu warm wird, muß alles eisgekühlt sein. Am besten, Sie geben die Zutaten gleich im Mixbecher in den Tiefkühler, dann gelingt's auf jeden Fall. «

Maispoulardenbrust

» Damit Risotto gleichmäßig gart und so die berühmte suppige Konsistenz bekommt, muß er stets kochen und oft gerührt werden. Halten Sie deswegen die Flüssigkeit zum Aufgießen immer kurz vor dem Siedepunkt. «

Lauchrisotto

1 Die Poulardenbrüste mit Salz, Pfeffer und Senf einreiben. Die Hälfte des Geflügelfonds mit dem Wein aufkochen und heiß halten. Den Lauch putzen, längs halbieren, waschen und in nicht zu kleine Würfel schneiden. Den Ofen auf 80° vorheizen.

2 Lauch in 40 g Butter kurz anschwitzen, dann den Reis zugeben und kurz mit angehen lassen. Alles knapp mit siedendem Fond und Wein bedecken und unter Rühren einkochen lassen. Dies so oft wiederholen, bis die Flüssigkeit verbraucht und der Risotto suppig, im Korn aber noch bißfest ist. Das dauert 20–25 Minuten.

3 Nebenbei die Poulardenbrüste im Butterschmalz auf der Hautseite 4 Minuten braten, wenden und weitere 2–3 Minuten braten. Dann die Brüste noch 10 Minuten im Ofen sanft fertiggaren (siehe dazu auch Seite 136).

4 Den übrigen Geflügelfond mit Essig und Honig um 1/3 einkochen lassen. Die restliche kalte Butter in dünne Scheiben schneiden und nach und nach unter die Sauce schlagen.

5 Lauchrisotto auf vorgewärmten Tellern verteilen. Die Brüste in dünne Scheiben schneiden, auf dem Risotto auffächern und mit der Honig-Essig-Sauce umgießen.

Dazu paßt ein gemischter Blattsalat und ein trockener Weißwein mit duftigem Bukett, zum Beispiel ein Grauer Burgunder aus Baden.

Zutaten für 4 Personen

4 Maispoulardenbrüste, mit oder ohne Knochen (je 150–200 g)
Salz
Pfeffer aus der Mühle
1 TL Dijon Senf

600 ml Geflügelfond (frisch oder aus dem Glas)
200 ml Weißwein
400 g jungen Lauch
80 g Butter, 40 g davon gut gekühlt
100 g Rundkornreis

3 EL Butterschmalz
5 EL Weißweinessig
1 TL Honig

Zubereitungszeit: 40 Minuten
Kalorien/Joule pro Person: 540/2260

Den Reis können Sie auch mit frisch gehackten Kräutern statt mit Lauch zubereiten – diese aber nicht mitgaren, sondern erst zum Schluß untermischen.

Kaninchenkeulen mi

Zutaten für 4–6 Personen

8 Kaninchenkeulen (je 200 g)
Salz
Pfeffer aus der Mühle

200 g Möhren
200 g Knollensellerie
1/2 Stange Lauch (150 g)
200 g frische Perlzwiebeln

3 EL Olivenöl
1 EL Zucker
5 EL Balsamico-Essig
1/4 l Kalbsfond (Rezept Seite 138, ersatzweise aus dem Glas)
1/4 l roter Portwein
1/4 l Sahne
10 Basilikumblättchen

Zubereitungszeit: 1 Stunde 45 Minuten

Kalorien/Joule pro Person: 500/2120

1 Die Kaninchenkeulen abspülen, gut trockentupfen, salzen und pfeffern.

2 Möhren und Sellerie schälen und in kleine Würfel schneiden. Den Lauch putzen, waschen und würfeln. Die Perlzwiebeln schälen. Den Backofen auf 180° vorheizen.

3 Das Olivenöl in einem Bräter erhitzen. Die Kaninchenkeulen darin behutsam von allen Seiten anbraten und wieder herausnehmen. Das vorbereitete Gemüse mit den Perlzwiebeln im Bratsatz kurz anschwitzen und den Zucker darin unter häufigem Rühren karamelisieren lassen.

4 Mit Balsamico-Essig und Kalbsfond ablöschen, mit Portwein und Sahne aufgießen und die Keulen zugeben. Den Bräter verschließen und alles etwa 45 Minuten im Backofen schmoren lassen.

5 Die Hitze auf 80° reduzieren. Die Keulen aus dem Bräter nehmen und im Ofen warmstellen. Die Sauce noch etwas sämig einkochen lassen und mit den gewaschenen Basilikumblättchen bestreuen.

6 Die Keulen auf vorgewärmten Tellern anrichten und mit der Sauce begießen.

Dazu schmecken knusprige Rösti oder auch Gnocchi sowie ein grüner Salat ganz hervorragend.

Weinempfehlung: ein trockener, erdiger Weißwein, zum Beispiel ein Würzburger Stein Silvaner.

» Kaninchenfleisch muß sanft angebraten werden, sonst wird es trocken. Und zum Schmoren kommt bei mir solch ein Ragout in den Backofen – es wird so zarter und geschmackvoller. «

erlzwiebeln

Saltimbocca vom La

mit Madeirasauce

1 Die Lammkotelettknochen mit dem Messerrücken abschaben und von Haut und Fettresten befreien. Das Fleisch mit der Faust leicht flachklopfen.

2 Die Koteletts mit Salz und Pfeffer würzen, mit je einem Salbeiblatt belegen und mit je einer Scheibe Parmaschinken umwickeln. Den Backofen auf 80° vorheizen.

3 Das Öl in einer großen beschichteten Pfanne erhitzen und die Koteletts darin behutsam von beiden Seiten je 2 Minuten anbraten. Anschließend die Koteletts noch etwa 20 Minuten im Ofen nachgaren.

4 Inzwischen die Sauce aufkochen, mit Madeira und falls nötig mit etwas Salz und Pfeffer abschmecken. Die kalte Butter in dünne Scheiben schneiden und nach und nach unter die heiße Sauce schlagen (siehe Seite 136).

5 Die Saltimbocca auf vorgewärmte Teller anrichten und mit Sauce umgießen.

Dazu passen Salzkartoffeln oder ein Kartoffelgratin.

Weinempfehlung: ein trockener, vollmundiger, kräftiger Rotwein, zum Beispiel ein Rioja Riserva aus Spanien.

Zutaten für 4 Personen

12 Lammkoteletts (je 50 g)
Salz
Pfeffer aus der Mühle
12 Salbeiblätter
12 hauchdünne Scheiben Parmaschinken (etwa 100 g)
3 EL Öl

100 ml Lammsauce (Rezept Seite 140)
2 EL Madeira
40 g kalte Butter

Zubereitungszeit: 45 Minuten (ohne Lammsauce)

Kalorien/Joule pro Person: 640/2700

» Wenn Sie Fleisch zum Kurzbraten flachklopfen wollen, stecken Sie es dazu in einen Gefrierbeutel. Damit verhindern Sie, daß die Fleischfasern unter dem Druck reißen und das Stück beim Braten trocken wird. «

Feines Kalbsragout n

Zutaten für 4 Personen

200 g Kalbsknochen
200 g Möhren
200 g Knollensellerie
1/2 Stange Lauch (150 g)
1/2 Zwiebel samt Schale
1 EL Pfefferkörner
3 Nelken
3 Lorbeerblätter
Salz

800 g Kalbfleisch aus der Keule
200 ml Sahne
Pfeffer aus der Mühle
Zitronensaft
1 EL Kapern
1 EL gehackter Estragon

Zubereitungszeit: 1 Stunde 45 Minuten

Kalorien/Joule pro Person: 300/1300

Als Beilage eignen sich Salzkartoffeln oder Reis.

Dazu paßt ein trockener, aromareicher Weißwein, zum Beispiel ein Chardonnay aus Kalifornien mit Barriqueausbau.

1 Die Kalbsknochen mit heißem Wasser abspülen. Möhren und Sellerie schälen und würfeln, den Lauch putzen, waschen und in Stücke schneiden. Die Zwiebel waschen.

2 Die Knochen mit dem Gemüse und den Gewürzen in 1,5 l Salzwasser bei sanfter Hitze langsam aufkochen und 45 Minuten sieden lassen.

3 Inzwischen das Kalbfleisch in 3 cm große Würfel schneiden. Die Knochen mit einer Schaumkelle aus dem fertigen Sud nehmen und diesen durch ein Sieb gießen. Den Sud aufkochen und das Fleisch darin etwa 30 Minuten sieden lassen, ohne zu kochen. Dann aus der Brühe nehmen und beiseite stellen.

4 Den Sud erneut durch ein Sieb gießen und mit der Sahne bei starker Hitze auf 300 ml sämig einkochen lassen. Die Sauce mit dem Mixstab aufmixen und mit Salz, Pfeffer und Zitronensaft abschmecken.

5 Das Fleisch mit den Kapern und dem Estragon nur kurz in der Sauce erhitzen, ohne sie nochmals aufzukochen.

Estragon

» Ein Kalbsragout kann etwas ganz Feines sein. Hier pochiere ich das Fleisch in einem selbstgezogenen Fond, der dann alleine durch Sahne gebunden wird. «

Erdbeer-Mascarpone

Zutaten für 4 Personen

2 kleine Eiweiß
80 g Zucker
100 g Mandelblättchen
2 EL Mehl
1 EL geschmacks-neutrales Öl

300 g reife Erdbeeren
1 Vanilleschote
1 Msp. geriebene unbehandelte Zitronenschale

200 g Mascarpone
2 EL Honig
2 EL Eierlikör
2 Eiweiß
Puderzucker zum Bestäuben

Zubereitungszeit: 1 Stunde (plus 1 Stunde Ruhezeit)

Kalorien/Joule pro Person: 560/2360

1 2 kleine Eiweiß anschlagen, so daß sie noch nicht schnittfest sind. Den Eischnee mit 60 g Zucker, den Mandeln und dem Mehl mischen und im Kühlschrank zugedeckt 1 Stunde ruhen lassen.

2 Den Backofen auf 200° vorheizen. Ein Backblech gut mit Öl bepinseln. Je 1 gehäuften EL der Mandelmasse auf das Backblech setzen und mit einer nassen Gabel hauchdünn ausklopfen. Die Mandelplätzchen 8 Minuten backen, bis sie goldgelb sind.

3 Die noch heißen Plätzchen mit der Palette lösen und in entsprechend kleine Schälchen oder Tassen drücken. Auf diese Art bilden sich Körbchen. Diese fest werden lassen, aus der Form lösen und völlig abkühlen lassen.

4 Die Erdbeeren falls nötig waschen und mit Küchenpapier trockentupfen. Den Strunk entfernen und die Früchte je nach Größe halbieren oder vierteln. Die Vanilleschote längs aufschlitzen, das Mark herauskratzen und mit dem übrigen Zucker mischen.

5 Die Erdbeeren mit der Hälfte des Vanillezuckers und der Zitronenschale mischen. Die Früchte mit Frischhaltefolie bedecken und im Kühlschrank 30 Minuten durchziehen lassen.

6 Inzwischen die Mascarpone mit einem Handrührgerät luftig aufschlagen, dabei zum Schluß den Honig und den Eierlikör zugeben. Die Eiweiß anschlagen, den übrigen Vanillezucker zugeben und alles zu schnittfestem Eischnee aufschlagen.

7 Den Eischnee mit den Erdbeeren vorsichtig unter die Mascarponecreme ziehen und diese Creme in die Mandelkörbchen füllen. Das Dessert dünn mit Puderzucker bestreuen und sofort servieren.

reme im Mandelnest

» Auch wenn die Mandelnester frisch am besten schmecken, können Sie sie auf Vorrat backen. Luftdicht aufbewahrt halten sie sich Wochen und können schnell mit Eis oder einer anderen Creme serviert werden. «

Erdbeer-Rhabarber-

ppe mit Prosecco

1 Den gewaschenen Rhabarber schälen. Dazu die Stangen von oben schräg anschneiden, die Enden der Fasern zwischen Daumen und Klinge klemmen und abziehen. Die Stangen in etwa 3 cm große Stücke schneiden.

2 Die Erdbeeren falls nötig mit kaltem Wasser abbrausen, trockentupfen und die Stengelansätze entfernen. Die Orangen heiß waschen, von einer Orange 1/4 der Schale dünn abreiben. Die Früchte auspressen.

3 Die Rhabarberschalen mit Orangenschale, Wein, aufgeschlitzter Vanilleschote, Zimt und Zucker bei geringer Hitze 10 Minuten köcheln lassen.

4 Den Sud durch ein Sieb passieren. Die Rhabarberstücke darin bei sanfter Hitze in etwa 5 Minuten bißfest garen, herausnehmen und kalt stellen.

5 Den Sud mit 2/3 der Erdbeeren und dem Orangensaft fein pürieren und die Suppe zugedeckt im Kühlschrank durchkühlen lassen. Die restlichen Erdbeeren in dünne Scheiben schneiden.

6 Nun den eisgekühlten Prosecco in die Suppe rühren und diese in tiefe Teller gießen. Rhabarber und Erdbeeren in die Suppe geben und sofort servieren.

Zutaten für 4 Personen:

3 Stangen Rhabarber
300 g Erdbeeren
2 unbehandelte Orangen
300 ml trockener Weißwein
1 Vanilleschote
1 Stück Zimtstange (2 cm)
1 EL Zucker
300 ml eisgekühlter Prosecco

Zubereitungszeit: 45 Minuten (plus Kühlzeit)

Kalorien/Joule pro Person: 220/320

» An den Duft von frischen Erdbeeren kommt so schnell nichts ran. Wenn Sie wissen, daß die Früchte sauber angebaut wurden, sollten Sie sie nur mit einem trockenen Tuch abwischen – dann können Sie den Duft auch noch schmecken. «

Sommer – Eine Küch

ie erfrischt!

Menüvorschläge

Sommersalat mit Rucola und Scampi
Lammrückenfilet
mit Bohnen-Tomaten-Ragout
Geeiste weiße Schokoladenmousse

▼

Tomaten-Mousse mit Basilikum
Seeteufel-Medaillons mit Balsamico-Sauce
Crêpes Suzette mit Kirschragout

▼

Tomatensuppe »Landhaus Henze«
Gemüsestrudel mit Parmesan
Geeiste weiße Schokoladenmousse

▼

Sommersalat mit Rucola und Scampi
Gefüllte Paprikaschoten mit Rahmtomaten
Crêpes Suzette mit Kirschragout

Wenn die Sonne in de

Draußen sitzen, sich von der warmen Luft streicheln lassen, vom ewigen Urlaub träumen. So ist der Sommer – für meine Gäste. Wir im Landhaus sind dann besonders gefordert, und an manchen Tagen sehe ich die Sonne nur durchs Fenster.

Das macht mir aber wenig aus, denn ich kann mir ja den Sommer an den Herd holen. Rosmarin und Basilikum, Olivenöl und Balsamico-Essig, das sind die Zutaten, die den Stil meiner Küche vom Juni bis in den September prägen. Schon diese kurze Liste läßt erschmecken, wohin meine Gedanken nun am liebsten reisen: ans Mittelmeer, vor allem an die Küsten Italiens und Südfrankreichs. Wundert Sie jetzt noch, daß die Tomate mir das liebste Gemüse ist?

Es ist wirklich himmlisch, wenn beim ersten Biß in diesen Paradiesapfel die straffe Schale ein wenig knackt und darunter dann saftiges Fruchtfleisch liegt, das so richtig erfrischt. Noch etwas Salz und Pfeffer dazu, und ich könnte fast die ganze weitere Kochkunst vergessen. Aber nach diesem Genuß juckt's mich erst recht in den Fingern, vielleicht doch das eine oder andere tolle Tomatengericht zu kreieren.

Heiße Zeiten in der Küche...

Auf den nächsten Seiten erfahren Sie, was alles daraus werden kann. Bei der Tomate ist da eine ganze Menge möglich. Etwas Sahne hebt ihren Geschmack, wie das Bohnen-Tomaten-Ragout zum Lammrücken zeigt (Rezept Seite 66), reichlich Sahne macht sie richtig fein – die Tomatenmousse mit Basilikum beweist das (Rezept Seite 44). Gut bekommt ihr auch Süße und Exotik, wie bei meiner speziellen Tomatensuppe, die mit Banane, Curry und Kokos abgeschmeckt ist. Ein echtes Lieblingsgericht, dem ich einen besonderen Namen gegeben habe: Tomatensuppe »Landhaus Henze« (Rezept Seite 48).

Exotik und Süße, nach diesem Rezept läßt sich auch aus einem anderen, oft verkannten Sommergemüse etwas sehr Gutes machen. Gemeint sind die Zucchini. Mehlschwitzen und literweise Kochwasser sind in der Gemüseküche ja zum Glück passé, aber bei den Zucchini braucht's noch mehr Zurückhaltung am Herd. Ich schneide sie in

ochtopf scheint

Fangfrische Forellen – nur vom Züchter nebenan

Stifte, schwenke sie roh in etwas Butter und gebe außer Salz und Pfeffer noch eine Prise Zucker und etwas Curry dazu. Nun lasse ich sie in ihrem Saft – höchstens ein Spritzer Wasser ist erlaubt – ein paar Minuten zugedeckt dünsten, und dann kommt die volle Kraft der Zucchini auf den Teller. Umwerfend, sage ich Ihnen.

Bei der Fischküche, die ja gerade im Sommer besonders gefragt ist, mag ich's ebenfalls lieber unkompliziert, damit die ganze Frische groß rauskommt. Wenn ich manchmal höre, was man mit einer Forelle alles anstellen soll, da möchte ich das gute Tier am liebsten selbst in der Küche noch unter Naturschutz stellen. In der Provence haben die Hausfrauen eine wunderbare Art, ganze Fische zuzubereiten: Kaum sind die aus dem Meer gezogen, werden sie zusammen mit Tomaten, Knoblauch und Olivenöl in den Ofen geschoben und dann kommt alles zusammen auf den Tisch. Einfacher, schonender und geschmackvoller geht's kaum noch. Ich mache dasselbe mit unseren Forellen, und das Ergebnis ist schlicht grandios (Rezept Seite 58).

Sie sehen, es muß nicht immer das Edle und Weithergeholte sein, um selbst die Feinschmecker zu verwöhnen. Jedoch, ob nun Forelle oder Seeteufel, bei der Qualität ist erste Klasse stets Pflicht. Frische ist gefragt, und der Fisch darf nicht zu fett und nicht zu groß für seine Art sein. Sicher kostet das etwas mehr Geld und Mühe als beim üblichen Einkauf, aber es macht sich durch den guten Geschmack bezahlt. Auf die klassische Zitrone können sie da ganz verzichten. Früher hat die Säure ja meist dazu gedient, den Fisch auch nach langer Reise noch bekömmlich zu machen. Heute zerstört sie nur das feine Aroma. Das gilt auch fürs zu lange Garen. Oft reichen schon zwei, drei Minuten für ein Fischfilet, damit es außen etwas knusprig wird und innen noch saftig bleibt. Daher mein Rat: Bleiben Sie nicht länger als nötig am Herd stehen – schließlich wartet der Sommer vor der Tür.

Tomaten-Mousse m

asilikum

1 Alle Gemüse waschen. Tomaten vom Strunk befreien, in Stücke schneiden. Paprikaschoten halbieren, das Kerngehäuse entfernen. Fenchel putzen, vierteln und vom Strunk befreien. Beides in Streifen schneiden. Das Basilikum waschen und trockentupfen, Knoblauch schälen und würfeln.

2 Das Gemüse mit dem Knoblauch im Olivenöl 5 Minuten anschwitzen. Dann Tomatenmark sowie Basilikum, Safran, Zucker, Salz und je 1 Spritzer Tabasco und Balsamico-Essig dazugeben und alles in etwa 10 Minuten weich köcheln. Die Gelatine im kalten Wasser einweichen.

3 Das Tomatengemüse pürieren und durch ein Sieb streichen. Es sollte 400 ml Flüssigkeit ergeben. Ansonsten noch etwas Mineralwasser zugießen. Gelatine ausdrücken, in der heißen Sauce auflösen. Die Sauce nach Geschmack nachwürzen, abkühlen lassen und zugedeckt in den Kühlschrank stellen.

4 Inzwischen die Sahne steif schlagen. Sobald die Sauce zu gelieren beginnt, die Créme fraîche einrühren und die Sahne vorsichtig unterheben.

5 Die Mousse in eine gut 5 cm tiefe Form füllen, glattstreichen und zugedeckt mindestens 3 Stunden im Kühlschrank fest werden lassen. Zum Servieren einen Suppenlöffel kurz in heißes Wasser tauchen, in die Tomaten-Mousse stecken und einmal drehen – so lassen sich ganz leicht schöne Nocken abstechen.

Zutaten für 4 Personen (als Vorspeise)

800 g reife Tomaten
2 rote Paprikaschoten
1 Fenchelknolle
10 große Basilikumblätter
1 Knoblauchzehe
4 EL Olivenöl
6 EL Tomatenmark
1 Msp. Safran
1 TL Zucker
Salz, Tabasco
Balsamico-Essig
5 Blatt Gelatine
Mineralwasser nach Bedarf
100 ml Schlagsahne
100 g Créme fraîche

Zubereitungszeit: 1 Stunde (plus 3 Stunden Kühlzeit)

Kalorien/Joule pro Person: 280/1170

Dazu paßt ein mit Vinaigrette angemachter Blattsalat und Baguette.

» Eine erfrischende Vorspeise, die so richtig nach Sommer schmeckt. Frischer Paprika und Fenchel sowie etwas Safran und Balsamessig machen sie zur Delikatesse. «

Sommersalat mit Ru

Zutaten für 4 Personen (als Vorspeise)

1 Bund Rucola
1 Kopf Lollo Rosso
8 ausgelöste Scampi (etwa 200 g)
1 reife Avocado (200 g)
8 grüne Oliven ohne Stein
1 Knoblauchzehe

5 EL Obstessig
4 EL Crème fraîche
50 ml Prosecco
Salz, 1 Prise Zucker
8 EL Keimöl

5 EL Olivenöl
1 EL gehackte Blattpetersilie
80 g grob geriebener Parmesan

1 Rucola und Lollo Rosso unter fließend kaltem Wasser waschen, putzen und in der Salatschleuder trockenschleudern. Von den Scampi den Darmstrang entfernen.

2 Avocado schälen, das Fruchtfleisch in kleine Würfel schneiden. Oliven ebenfalls würfeln. Knoblauch schälen und fein hacken.

3 Essig, Crème fraîche und Prosecco mit Salz und Zucker aufrühren, dann das Öl unter ständigem Rühren in dünnem Strahl einlaufen lassen. Die Sauce glattrühren und abschmecken.

4 Das Olivenöl in einer Pfanne erhitzen und die Scampi darin 2–3 Minuten behutsam von allen Seiten anbraten. Leicht salzen, in der letzten Minute gehackten Knoblauch und Petersilie zugeben.

5 Die Salatblätter mit Avocado und Oliven in der Mitte eines großen Tellers arrangieren. Die Scampi daneben anrichten. Den Salat mit dem Dressing beträufeln und mit dem Parmesan bestreuen.

Zu diesem herrlichen Sommersalat paßt ein Ofenbaguette mit etwas Knoblauch und frischen Kräutern darauf.

Zubereitungszeit: 40 Minuten
Kalorien/Joule pro Person: 580/2400

» Scampi werden auch Kaisergranat genannt und sind besonders feine Krustentiere aus dem Mittelmeer.
Um sie zu säubern, schneiden Sie den Rücken leicht ein, und ziehen Sie den dunklen Darmstrang heraus. «

und Scampi

Tomatensuppe »Lan

» Meine geliebten Tomaten werden hier kombiniert mit exotischen Zutaten und durch eine leichte Süße betont. Und weil diese Suppe für unsere Küche sehr typisch ist, habe ich ihr auch unseren Namen gegeben. «

s Henze«

1 Die Tomaten waschen, vom Stengelansatz befreien und würfeln. Die Zwiebel schälen und fein würfeln, den Knoblauch ebenso. Ein Drittel des Knoblauchs beiseite legen.

2 2 EL Butter in einem Topf zerfließen lassen. Zwiebel und Knoblauch darin anschwitzen, die Tomaten darin angehen lassen und mit Weißwein ablöschen.

3 Die Banane schälen, in Scheiben schneiden und mit allen übrigen Zutaten außer Shrimps, Petersilie, restlicher Butter und restlichem Knoblauch zugeben.

4 Die Suppe 20 Minuten köcheln lassen, bis sie schön sämig ist. Nun alles pürieren und durch ein Sieb passieren. Die Suppe nochmals erhitzen und mit Salz und Pfeffer abschmecken.

5 Inzwischen die Shrimps mit dem restlichen Knoblauch und der Petersilie in der übrigen Butter kurz angehen lassen. Die Suppe in vorgewärmte tiefe Teller füllen und mit den Shrimps darin servieren.

Servieren Sie dazu reichlich Baguette – es muß nämlich sicher noch zum Auswischen der Teller reichen.

Zubereitungszeit: 50 Minuten
Kalorien/Joule pro Person: 480/2000

Zutaten für 4 Personen (als Vorspeise)

1 kg reife Strauchtomaten
1 Zwiebel
3 Knoblauchzehen
3 EL Butter
100 ml Weißwein

1/2 Banane (50 g)
1 EL Curry
1/2 TL Garam masala (indische Gewürzmischung)
1 TL gemahlener Ingwer
1 EL Mango-Chutney
3 EL Kokosraspel
3 EL Kokosmark
800 ml Gemüsebrühe (Rezept Seite 139, ersatzweise aus dem Glas)
200 ml Sahne

Salz
Pfeffer aus der Mühle
100 g Shrimps
1 TL gehackte Blattpetersilie

Gemüsetatar mit Rös

Zutaten für 4 Personen (als kleines Gericht)

1 Möhre (100 g)
1 Zucchino (100 g)
4 Lauchzwiebeln (100 g)
100 g grüner Spargel
Salz

2 EL Kapern
4 Sardellen
2 Stengel Petersilie
2 hartgekochte Eier
2 TL Pesto (frisch oder aus dem Glas)
4 EL Mayonnaise
2 EL Tomaten-Ketchup
2 EL Cognac
Pfeffer aus der Mühle
Zitronensaft

600 g vorwiegend festkochende Kartoffeln
Öl zum Braten
2 EL frisch geriebener Parmesan

1 Gemüse putzen und waschen. Möhre schälen, den Spargel falls nötig im unteren Drittel schälen. Alles fein würfeln. Die Gemüse in Salzwasser nacheinander knackig kochen. Jeweils mit einem Sieb herausfischen und in Eiswasser kurz abschrecken. Das Gemüse trockentupfen.

Zubereitungszeit: 1 Stunde

Kalorien/Joule pro Person: 300/1300

2 Kapern, Sardellen, Petersilienblätter und hartgekochte Eier fein hacken und mit Pesto, Mayonnaise, Ketchup und Cognac verrühren. Mit Salz, Pfeffer und Zitronensaft abschmecken.

3 Die Gemüsewürfel mit der Sauce gut aufrühren, so daß eine cremige Masse entsteht. Kühl stellen. Den Ofen auf 80° vorheizen.

4 Die Kartoffeln schälen und raspeln, in einem Küchentuch gut ausdrücken und mit Salz und Pfeffer würzen. Reichlich Öl in einer Pfanne erhitzen. Kartoffelraspel mit einem Eßlöffel in die Pfanne setzen und dünn glattstreichen.

5 Die Rösti auf beiden Seiten goldgelb braten, auf Küchenpapier entfetten und im Ofen warmstellen, bis alle fertig sind.

6 Jeweils ein Rösti mit Gemüsetatar belegen und mit einem zweiten Rösti abdecken. Mit Parmesan bestreuen und sofort noch heiß servieren.

nd Parmesan

Cannelloni mit Spina

nd Pfifferlingen

Zutaten für 4–6 Personen

500 g Blattspinat
2 EL Butter
Salz
200 g Pfifferlinge
2 Schalotten
1 kleine Knoblauchzehe
100 ml Sahne
1 TL gehacktes Basilikum
Pfeffer aus der Mühle

200 g Doppelrahm-Frischkäse
2 Eier
100 g geriebener Gouda
30 g Semmelbrösel

16 Lasagneblätter
Butter für die Form
250 g Mozzarella

Zubereitungszeit: 1 Stunde 30 Minuten (plus 30 Minuten Garzeit)

Kalorien/Joule pro Person: 540/2300

1 Den Blattspinat gründlich putzen und waschen. 1 EL Butter in einem großen Topf zerlassen und die Blätter darin mit etwas Salz zusammenfallen lassen. Den abgekühlten Spinat gut ausdrücken und grob hacken.

2 Die Pfifferlinge waschen, putzen und falls nötig zerkleinern. Die Schalotten und den Knoblauch schälen und fein würfeln. Die Schalotten in der übrigen Butter glasig braten und die Pfifferlinge darin anbraten.

3 Spinat zugeben, mit der Sahne aufgießen und etwas einkochen lassen. Basilikum und Knoblauch dazugeben und die Füllung mit Salz und Pfeffer abschmecken.

4 Frischkäse, Eier, Gouda und Semmelbrösel aufrühren und mit der völlig abgekühlten Spinatfüllung vermischen.

5 Die Nudelblätter in genügend Salzwasser bißfest kochen. In kaltem Wasser abschrecken und mit Küchenpapier trockentupfen. Die Gemüse-Käse-Masse gleichmäßig auf die Teigblätter streichen, dabei etwas Rand lassen. Den Ofen auf 180° vorheizen.

6 Die Cannelloni von der Längsseite her aufrollen und mit der Naht nach unten in eine gebutterte Gratinform legen. Den Mozzarella in Scheiben schneiden und auf die gefüllten Nudeln legen. Die Cannelloni für etwa 30 Minuten in den heißen Backofen schieben.

Dazu schmeckt eine leichte, nicht zu würzige Tomatensauce.

» Probieren Sie diese Cannelloni auch mal mit Ricotta, dem italienischen Frischkäse. Der ist besonders delikat, wenn er aus Ziegenmilch gemacht wird. «

Gemüsestrudel mit

Zutaten für 4–6 Personen

1 Portion
pikanter Strudelteig
(Rezept Seite 140)

30 g Butter
30 g Mehl
5 EL Weißwein
100 ml Milch
100 ml Sahne
50 g frisch geriebener Parmesan
50 g frisch geriebener Gouda
Salz
Pfeffer aus der Mühle

400 g Broccoli
300 g Möhren
200 g Knollensellerie
1 Zwiebel
100 g frische oder tiefgekühlte Erbsen
100 g Sojasprossen

Mehl zum Ausrollen
80 g flüssige Butter (oder Eigelb) zum Bestreichen
3 EL gehacktes Basilikum
Butter fürs Blech

1 Den Strudelteig nach Grundrezept zubereiten und ruhen lassen.

2 Die Butter in einem Topf zerlassen und das Mehl darin anschwitzen. Unter Rühren Wein, Milch und Sahne zugießen und aufkochen lassen. 10 Minuten kochen lassen, dann den Käse darin schmelzen und die Sauce mit Salz und Pfeffer abschmecken.

3 Die Gemüse waschen und putzen. Broccoli in kleine Röschen teilen, es sollten 200 g ergeben. Möhren und Sellerie schälen und würfeln. Die Gemüse nacheinander in Salzwasser bißfest kochen, in Eiswasser kurz abschrekken und trockentupfen. Inzwischen Zwiebel schälen und fein würfeln. Mit dem Gemüse und den Sojasprossen mischen.

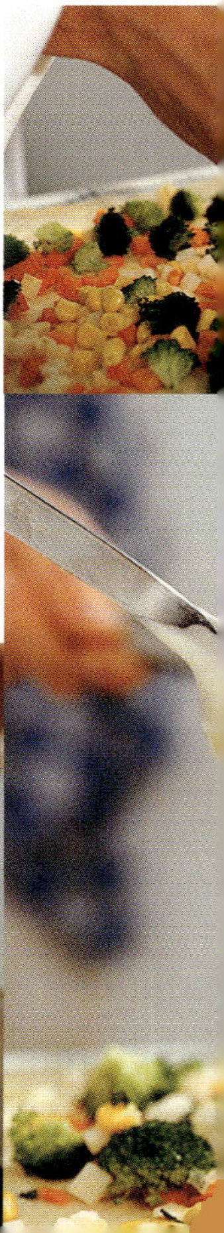

nesan

4 Strudelteig auf bemehlter Fläche dünn ausrollen und über dem Handrücken hauchdünn ausziehen (siehe Grundrezept). Auf ein bemehltes Küchentuch ziehen und mit etwas flüssiger Butter bestreichen.

5 Das Gemüse dünn auf dem Teig verteilen, mit Salz und Pfeffer würzen, Basilikum darüberstreuen und mit der Käsesauce überziehen.

6 Den Backofen auf 190° vorheizen. Den Teig mit Hilfe des Tuches zu einem Strudel einrollen (siehe Grundrezept) und mit der Naht nach unten auf ein gebuttertes Backblech legen. Mit etwas Butter (oder Eigelb) bepinseln und auf der mittleren Schiene in etwa 40 Minuten knusprig backen. Dabei den Strudel immer wieder mit flüssiger Butter bepinseln.

Den Strudel heiß servieren – am besten zusammen mit einer frisch zubereiteten Tomatensauce.

Zubereitungszeit: 1 Stunde 30 Minuten (plus 40 Minuten Backzeit)

Kalorien/Joule pro Person: 370/1560

» Strudelteig sollte so dünn ausgezogen werden, daß man das Küchentuch darunter sehen kann. Am besten klappt das zu zweit: Jeder legt sich eine Ecke über den Handrücken und dann geht's los mit dem Ausziehen. «

Seeteufel-Medaillon

mit Balsamico-Sauce

Zutaten für 4 Personen

1 rote Paprikaschote
1 gelbe Paprikaschote
1 grüne Paprikaschote
Olivenöl zum Bestreichen

1/2 Fenchelknolle
1 EL Butter
200 ml Fischfond (Rezept Seite 139, ersatzweise aus dem Glas)
100 ml trockener Weißwein
1 EL Balsamico-Essig
1 Msp. Paprikapulver
1 Döschen Safran (0,1 g)

800 g Seeteufelfilet
1 Zweig Rosmarin
1 Knoblauchzehe
4 EL Olivenöl
Salz

100 ml Schlagsahne
1 EL kalte Butter

Dazu empfehle ich Wildreis oder Salzkartoffeln.

Zubereitungszeit: 1 Stunde
Kalorien/Joule pr Person: 450/1890

1 Den Ofen auf 250° vorheizen. Paprikaschoten vierteln und den Stielansatz sowie die Samenwände entfernen. Die Viertel mit der Hautseite nach oben auf ein Backblech legen und mit Olivenöl bepinseln.

2 Die Paprika so lange im Ofen garen, bis die Haut braun wird und Falten wirft. Ein mit kaltem Wasser befeuchtetes Geschirrtuch einige Minuten darüberlegen. Dann die Haut abziehen, das Fruchtfleisch der Paprikaschoten in feine Streifen schneiden. Die Ofenhitze auf 80° reduzieren. (Dazu die Ofentür kurz öffnen).

3 Den Fenchel waschen, putzen und in kleine Würfel schneiden. Diese in 1 EL Butter anschwitzen, mit Fischfond und Wein ablöschen und auf 100 ml einkochen lassen.

4 Balsamico-Essig, Paprikapulver und Safranfäden kurz mitkochen lassen und die Sauce mit dem Stabmixer pürieren.

5 Das Seeteufelfilet gründlich von dunklem Fleisch sowie Hautresten befreien und beidseitig salzen. Knoblauch schälen, den Rosmarinzweig falls nötig abbrausen und trockentupfen.

6 Das Öl mit Knoblauch und Rosmarin in einer Pfanne erhitzen. Den Fisch darin auf allen Seiten etwa 5 Minuten behutsam anbraten, dann den Paprika kurz mit anschwitzen und mit Salz würzen. Alles im Ofen bei 80° noch 20 Minuten garen lassen (siehe Seite 136).

7 Inzwischen die Sauce mit der Sahne aufkochen, mit Salz abschmecken und samt 1 EL Butter mit dem Stabmixer aufmixen.

8 Den Seeteufel in Medaillons schneiden und mit dem Paprika und der Sauce auf Tellern anrichten.

Allgäuer Forelle »wie

Zutaten für 4 Personen

4 Tomaten
2–3 Knoblauchzehen
2 Sardellenfilets
4 fangfrische, küchenfertige Forellen (oder Saiblinge) zu je 300 g
Salz

6 EL Olivenöl
1 TL Kapern
2 Lorbeerblätter
1 Zweig frischer Rosmarin
Pfeffer aus der Mühle

2 EL gehackte Blattpetersilie
1 TL Rotisseur-Senf
4 EL Semmelbrösel
30 g weiche Butter

Zubereitungszeit: 45 Minuten
Kalorien/Joule pro Person: 510/2140

1 Die Tomaten kurz mit kochendem Wasser überbrühen, abschrecken und häuten. Vom Stengelansatz befreien und das Fruchtfleisch würfeln. Den Knoblauch schälen und fein würfeln. Die Sardellen in Streifen schneiden.

2 Die Forellen kurz unter fließend kaltem Wasser abwaschen und mit Küchenpapier trockentupfen. Die Fische innen und außen leicht salzen.

3 Den Backofen auf 190° vorheizen. In einem Bräter das Olivenöl erhitzen. Darin die Tomatenwürfel mit Knoblauch, Sardellen, Kapern, Lorbeer und dem Rosmarinzweig kurz anschwitzen und mit Salz und Pfeffer würzen. Die Forellen nebeneinander auf die Tomaten legen.

4 Für die Panade Petersilie, Senf, Semmelbrösel und Butter vermischen und mit Salz und Pfeffer abschmekken. Die Panade über die Forellen streichen und alles für 20 Minuten auf mittlerer Schiene in den heißen Ofen schieben, damit die Forellen eine schöne goldgelbe Kruste bekommen.

5 Das Tomaten-Ragout in die Mitte von vorgewärmten Tellern geben und die Forellen darauf anrichten.

Dazu passen Salzkartoffeln und ein bunter Sommersalat – als Wein empfehle ich einen würzigen Rosé, zum Beispiel aus der Provence.

» Die Forelle kommt ganz frisch aus dem Allgäu, die Zubereitungsart mit frischem Knoblauch habe ich in der Provence kennengelernt – und das Ergebnis schmeckt grenzenlos gut. «

der Provence«

Hähnchenbrust mit V

aigrette-Gemüse

1 Das Gemüse waschen und putzen. Möhren und Kohlrabi schälen und ebenso wie den Staudensellerie und die Zucchini in dünne Stäbchen schneiden. Die Tomaten kurz mit kochendem Wasser überbrühen und kalt abschrecken, dann häuten, entkernen und fein würfeln. Die Kräuter waschen, trockenschwenken und die Blättchen hacken.

2 Nun das Gemüse außer den Tomaten in genügend Salzwasser bißfest kochen und in Eiswasser abschrekken. In einem Sieb abtropfen lassen.

4 Die Brühe in einem Topf erhitzen. Die Hähnchenbrüste kurz unter fließend kaltem Wasser waschen, trockentupfen und beidseitig salzen und pfeffern. In die siedende Brühe geben, sie sollten dabei mit der Flüssigkeit bedeckt sein. Die Brüste knapp vor dem Siedepunkt 15 Minuten ziehen lassen.

4 Für die Tomatenvinaigrette Essig mit 1/4 TL Salz, Zucker, Senf und den Kräutern gut aufrühren. Das Öl tröpfchenweise einrühren, zuletzt die Tomatenwürfel untermischen.

5 Die Hähnchenbrüste aus dem Fond nehmen und das Gemüse im Sieb darin kurz erwärmen. Gut abtropfen lassen und mit 2/3 der Vinaigrette marinieren.

6 Das Gemüse auf vorgewärmten Tellern arrangieren, die Hähnchenbrust in dünne Scheiben schneiden und auf dem Gemüse anrichten. Mit restlicher Vinaigrette beträufeln.

Zutaten für 4 Personen

150 g Möhren
150 g Kohlrabi
150 g Staudensellerie
150 g Zucchini
2 Tomaten
1 Zweig Estragon
1 Handvoll Kerbel
Salz

etwa 1 l Gemüsebrühe (Rezept Seite 139, ersatzweise aus dem Glas)
4 Masthähnchenbrüste ohne Haut und Knochen (je 150 g)
Pfeffer aus der Mühle

3 EL Balsamico-Essig
2 EL Obstessig
1/2 TL Zucker
1 TL Dijon Senf
10 EL gutes Olivenöl

Zubereitungszeit: 1 Stunde
Kalorien/Joule pro Person: 330/1390

» Durch das Blanchieren und Abschrecken behält das Gemüse Biß und Farbe. Und wenn Geflügel knapp unter dem Siedepunkt pochiert wird, bleibt sein Fleisch zart und saftig. «

Gefüllte Paprikascho

Zutaten für 4 Personen

4 mittelgroße Paprikaschoten (je etwa 200 g)
4 Schalotten
3 EL Öl
2 EL gehackte Blattpetersilie

300 g gemischtes Hackfleisch
100 g Semmelbrösel
2 Eier
4 EL Tomaten-Ketchup
2 EL scharfer Senf
Salz
Pfeffer aus der Mühle

2 Knoblauchzehen
400 g geschälte Tomaten (aus der Dose)
200 ml Rinderbouillon (Rezept Seite 138, ersatzweise aus dem Glas)
1 Zweig Thymian

100 ml Sahne
2 EL Crème fraîche
etwas Tabasco

1 Die Paprikaschoten waschen, am Stielansatz jeweils einen Deckel abschneiden und die Samen sowie Samenwände entfernen. Die Schalotten schälen, in feine Würfel schneiden und in 1 EL Öl glasig braten. Die gehackte Petersilie zugeben, kurz mitdünsten.

2 Das Hackfleisch mit den abgekühlten Schalotten, Semmelbröseln, Eiern, 2 EL Ketchup und dem Senf vermengen, mit Salz und Pfeffer abschmecken. Paprikaschoten mit der Hackfleischmasse füllen, die Deckel daraufsetzen.

3 Den Ofen auf 180° vorheizen. Das übrige Öl in einem kleinen Bräter oder ofenfesten Topf erhitzen. Die Paprikaschoten dicht nebeneinander hineinsetzen und etwas Farbe annehmen lassen.

4 Den Knoblauch schälen und fein hacken. Tomaten mit Knoblauch, übrigem Ketchup und der Brühe verrühren und mit dem Thymian zu den Paprikaschoten geben. Einen Deckel aufsetzen und die Schoten etwa 35 Minuten im Ofen schmoren lassen.

5 Dann die Schoten aus der Sauce nehmen und diese mit Sahne und Crème fraîche aufkochen. Die Sauce mit Salz, Pfeffer und Tabasco abschmecken und zu den Schoten servieren.

Zubereitungszeit: 40 Minuten (plus 35 Minuten Garzeit)

Kalorien/Joule pro Person: 550/2300

Ein luftiges Kartoffelpüree (Rezept Seite 140) mit Kräutern schmeckt sehr gut dazu, aber auch Salzkartoffeln oder Reis sind eine passende Beilage.

mit Rahmtomaten

» Das ist die Verfeinerung eines meiner Lieblingsgerichte, die ich an freien Tagen manchmal für uns koche. Sozusagen Landhausmannskost. «

Kalbsrouladen mit R

to-Füllung

1 Die Gemüse putzen und waschen. Möhre und Sellerie schälen, den Lauch vom dunklen Grün befreien und alles in kleine Würfel schneiden. Knoblauch schälen und fein würfeln.

2 300 ml Kalbsfond mit dem Wein aufkochen. 4 EL Olivenöl in einem Topf erhitzen und das Gemüse mit dem Knoblauch darin glasig dünsten. Den Reis zugeben und kurz mit angehen lassen.

3 Mit heißem Fond und Wein ablöschen und unter öfterem Rühren 20–25 Minuten bei geringer Hitze köcheln lassen. Der Risotto sollte noch etwas suppig, aber bißfest im Korn sein. Nun Majoran und Parmesan einrühren und alles mit Salz und Pfeffer würzen. Auf ein Blech streichen und gut auskühlen lassen.

4 Die Schnitzel in einen Tiefkühlbeutel legen und mit dem Fleischklopfer dünn klopfen. Beidseitig mit Salz und Pfeffer würzen. Schnitzel mit Schinken belegen und mit der Reismasse dünn bestreichen. Zu Rouladen aufrollen und mit Zahnstochern fixieren. Den Backofen auf 180° vorheizen.

5 Das übrige Öl in einer ofenfesten Pfanne erhitzen und die Rouladen darin auf allen Seiten anbraten. Dann im heißen Backofen etwa 20 Minuten weitergaren, dabei öfters mit dem Bratfett aus der Pfanne begießen.

6 Inzwischen den übrigen Kalbsfond mit Madeira um 2/3 einkochen lassen. Die Sahne und den Balsamico-Essig zugeben und zu einer sämigen Sauce einkochen lassen. Die Butter in dünne Scheiben schneiden und die Sauce damit nach und nach aufmixen.

7 Rouladen einmal schräg aufschneiden und mit der Sauce auf vorgewärmten Tellern anrichten.

Sehr gut schmecken dazu Bandnudeln und ein Salat.

Zubereitungszeit:
1 Stunde 30 Minuten

Kalorien/Joule pro Person: 570/2380

Zutaten für 4 Personen

1 Möhre (50 g)
1 Stück Knollensellerie (50 g)
1/2 Stange Lauch (100 g)
1 kleine Knoblauchzehe
600 ml Kalbsfond (Rezept Seite 138, ersatzweise aus dem Glas)
200 ml trockener Weißwein

8 EL Olivenöl
100 g Rundkornreis
1 TL frisch gehackter Majoran
50 g frisch geriebener Parmesan
Salz
Pfeffer aus der Mühle

4 Kalbsschnitzel (je 100 g)
8 Scheiben Parmaschinken (100 g)

100 ml Madeira
100 ml Sahne
3 EL Balsamico-Essig
50 g kalte Butter

Falls Sie keine ofenfeste Pfanne haben, Rouladen nach dem Anbraten mit dem Bratfett in eine Gratinform umfüllen.

Lammrückenfilet m

1 Den Ofen auf 80° vorheizen. Die Bohnen waschen, abtropfen lassen und die Enden abschneiden. Die Hülsen in 1 cm breite Streifen schneiden. Den Knoblauch schälen, fein würfeln.

2 Die Tomaten überbrühen, abschrecken und häuten. Die Kerne entfernen und das Fruchtfleisch würfeln.

3 Die Lammrückenfilets salzen und pfeffern, bei mittlerer Hitze im Öl beidseitig anbraten. Das Fleisch im 80° heißen Ofen etwa 20 Minuten sanft garen lassen (siehe Seite 136).

4 Inzwischen die Bohnen in der Butter kurz anschwitzen, dann Tomaten, Knoblauch, Sahne, Créme fraîche und Thymian zugeben. Bei mäßiger Hitze die Flüssigkeit in etwa 8 Minuten zu einer sahnigen Konsistenz einkochen lassen, so daß die Bohnen noch bißfest sind. Das Ragout mit Salz und Pfeffer würzen.

4 Nebenbei die Lammsauce aufkochen und die kalte Butter am Herdrand nach und nach in Stücken darunterschlagen. Den Lammrücken in Scheiben schneiden, mit dem Gemüse auf vorgewärmten Tellern anrichten und mit der heißen Sauce umgießen.

Am liebsten mag ich dazu schlichte Salzkartoffeln – die allerdings so richtig nach Kartoffeln schmecken und auf den Punkt gegart sein müssen.

Zutaten für 4 Personen

400 g junge Saubohnen
1/2 Knoblauchzehe
4 Tomaten

2 Lammrückenfilets (je 250 g)
Salz
Pfeffer aus der Mühle
3 EL Olivenöl

1 EL Butter
100 ml Sahne
2 EL Crème fraîche
1/2 TL frisch gehackter Thymian

200 ml Lammsauce (Grundrezept auf Seite 140)
3 EL kalte Butter

Zubereitungszeit: 45 Minuten
Kalorien/Joule pro Person: 680/2850

»Wenn im Sommer die dicken Saubohnen ganz frisch auf den Markt kommen, sind ihre Hülsen noch wunderbar zart. Dann koche ich daraus ein sahniges Ragout – eine tolle Sache zu würzigen Lammgerichten.«

ohnen-Tomaten-Ragout

Geeiste weiße Schok

Zutaten für 6–8 Personen

3 Blatt Gelatine
2 Eier
300 ml Sahne

120 g Zucker
50 ml Kokoslikör
100 ml Weißwein
150 g weiße Kuvertüre

250 g frische Beeren nach Saison (zum Beispiel Himbeeren, Johannisbeeren, Heidelbeeren)
2 EL Orangenlikör
5 EL Wasser

Zubereitungszeit: 50 Minuten (plus 5 Stunden Kühlzeit)

Kalorien/Joule pro Person: 300/1260

1 Die Gelatine in kaltem Wasser einweichen. 1 Ei trennen und das Eiweiß zu steifem Schnee schlagen. Die Sahne ebenfalls steif schlagen und beides zugedeckt kühl stellen.

2 Das übrige Ei und Eigelb mit 100 g Zucker, Kokoslikör und Weißwein über dem Wasserbad warm aufschlagen (siehe Seite 137). Die gut ausgedrückte Gelatine darin auflösen und die Masse kalt schlagen.

» Achten Sie darauf, daß beim Schmelzen der Kuvertüre kein Tröpfchen Wasser in die Schüssel kommt und die Temperatur nur etwas über Handwärme liegt – dann wird die flüssige Kuvertüre schön geschmeidig. «

lenmousse

3 Einen Topf halbvoll mit Wasser erhitzen. Die Kuvertüre in Stücke schneiden, in eine Metallschüssel geben und in das nicht zu heiße Wasserbad setzen. Die Schokolade unter Rühren darin schmelzen.

4 Die lauwarme Schokolade in die Masse einrühren, dann das Eiweiß und die Sahne vorsichtig unterheben. Die Mousse in Förmchen füllen und für mindestens 5 Stunden abgedeckt in den Gefrierschrank stellen.

5 Zum Anrichten die Beeren falls nötig waschen und putzen. Übrigen Zucker mit Orangenlikör und 5 EL Wasser aufkochen, bis er gelöst ist.

6 Die Mousse aus den Förmchen stürzen, mit den Beeren umlegen und mit dem Zuckersirup beträufeln.

Crêpes Suzette mit K

chragout

Zutaten für 4 Personen

1 Vanilleschote
200 g entkernte Kirschen
1 Msp. Zimt
5 EL Zucker
50 ml Rotwein
1/2 TL Kartoffelstärke
2 EL Rum

130 g Mehl
200 ml Milch
50 g flüssige Butter
2 Eier
Salz

40 g Butter
4 EL Orangenlikör
4 Kugeln Vanilleeis
Puderzucker

Zubereitungszeit: 45 Minuten
Kalorien/Joule pro Person: 540/2260

1 Die Vanilleschote halbieren und auskratzen. Das Mark mit Kirschen, Zimt und 2 EL Zucker im Rotwein erhitzen. Stärke mit Rum vermischen und vorsichtig unter die Kirschen rühren. Einmal behutsam unter Rühren aufkochen und abkühlen lassen.

2 Das Mehl mit der Milch glattrühren, dann 40 g flüssige Butter, Eier sowie je 1 Prise Salz und Zucker einrühren. Falls der Teig noch Klümpchen hat, durch ein Sieb laufen lassen.

3 Ganz wenig flüssige Butter in einer beschichteten Pfanne erhitzen. Etwas Teig in die Pfanne geben und diese so drehen, daß der Boden dünn bedeckt ist. Crêpe anziehen lassen und wenden. Auf diese Weise nacheinander farblose Crêpes backen und jeweils zweimal zusammenfalten, so daß sie eine Tütenform erhalten.

4 40 g Butter in einer beschichteten Pfanne schmelzen lassen und mit den restlichen 3 EL Zucker bestreuen. Die Crêpes hineinlegen und mit dem Likör ablöschen. Sofort mit einem Streichholz entzünden und ausbrennen lassen.

5 Die Crêpes auf Tellern arrangieren, mit dem Sud aus der Pfanne beträufeln und die Kirschen sowie das Vanilleeis dazu anrichten. Mit Puderzucker bestäuben und sofort servieren.

» Flambieren muß nicht immer bloß Show sein. Wenn Sie bei den Crêpes Suzette die Flamme ganz ausbrennen lassen, karamelisiert der Zucker am Rand ganz leicht – und das schmeckt einfach toll! «

Herbst: Eine Küche,

bereichert!

Menüvorschläge

Kartoffelschaumsüppchen mit Steinpilzen
Hähnchenkeulen mit Kraut und Fenchel
Zwetschgenstrudel mit weißer Schokoladensauce

▼

Lauwarmer Herbstsalat auf asiatische Art
Entenbrust mit Polenta-Gratin
Zwetschgenstrudel mit weißer Schokoladensauce

▼

Tafelspitzsülze mit Parmesan
Glacierte Kalbsbrust mit Brezenfüllung
Geschmorte Äpfel in Apfelschaum

Reif für die echten G

Der Herbst ist eine ganz besondere Zeit für uns Köche. Da geht die Natur noch einmal in die Vollen und spendiert mit das Beste, was sie zu bieten hat. Aber plötzlich wird sie geizig und mummt sich ein für den Winterschlaf. Und gerade dann erwacht bei unseren Gästen wieder langsam der Hunger danach, sich verwöhnen zu lassen. Deswegen beginnt für uns gleich nach dem Ende der Sommersaison die »staade Zeit« – auch wenn man in Bayern eigentlich die Wochen vor dem Weihnachtsfest so nennt. Wenn die Herbstsonne die Wiesen und Wälder noch einmal aufleuchten läßt, dann gehe ich gerne mit meiner kleinen Familie einfach so durch den Ort, etwa hinunter zu den Viehweiden am Probstrieder Eisbach.

Dabei treffen wir oft ein paar Bekannte aus dem Dorf bei der Arbeit im Bauerngarten. Manchmal bekomme ich auch einen meiner geliebten Äpfel zum Probieren. Fast in jedem Garten steht hier ein Baum von einer anderen Sorte: Goldparmänen, Renetten, Rosenäpfel, Himbeeräpfel. Eine Vielfalt, mit der kein Münchener Viktualienmarkt und kein Feinkostladen Deutschlands mithalten kann. Solche Äpfel serviere ich am liebsten so pur wie möglich. Als saftigen Schmorapfel mit einer schaumigen Apfelsauce zum Beispiel (Rezept Seite 100).

Meisterliche Würzkunst – ein echter Genuß!

Das schmeckt besonders toll nach einer knusprigen Ente oder einer durchgebratenen Gans und ist deswegen der Renner am ersten Sonntag im November – bei unserem Gänseessen zur Kirchweih. Spätestens damit wird auch das Ende unserer »staaden Zeit« eingeläutet.

Der Herbst ist ja reich an Festen und Tagen zum Feiern. Ganz wichtig: das Erntedankfest! Da steht einmal nicht der große Braten im Vordergrund, sondern jenes »dazu«, das ein gutes Essen erst perfekt macht. Eine Gans ohne Knödel und Rotkraut? Für mich unvorstellbar. Deswegen ist der Herbst für mich auch die Zeit der Beilagen. Und diese sollten einem guten

üsse

Koch genauso wichtig sein wie Fleisch und Sauce. Ganz oben steht bei mir die Kartoffel. Für eine frische Salzkartoffel, flott gekocht und kurz auf dem Herd ausgedampft, da lasse ich Reis und Nudeln gerne stehen. Und daß die Knolle eine tolle Basis für edle Zutaten sein kann, beweist zum Beispiel meine Kartoffelsuppe mit Steinpilzen (Rezept Seite 80). Wobei sie am besten mit mehligen Kartoffeln gelingt – die, obwohl der Herbst ihre Zeit ist, leider fast schon so selten wie Steinpilze angeboten werden.

Damit wären wir bei den edlen unter den echten Genüssen des Herbstes – bei den Pilzen. Mit ihrem sehr charakteristischen und doch feinen Aroma passen sie gut zu sahnigen, ausdrucksvollen Gerichten – wie zu einem gratinierten Rinderfilet mit Rahmlauch (Rezept Seite 96). Da gebe ich noch ein paar Pfifferlinge dazu, und das gibt dem Gericht einen herrlich runden Geschmack. Aber auch der einfache Champignon kommt bei mir zu

Zeit der Beilagen: frische Maroni!

Ehren. Da er als Zuchtpilz recht sauber aufwächst, wische ich ihn nur mit einem trockenen Tuch ab, um sein feines Aroma zu erhalten. Heikel bin ich bei Waldpilzen wie eben dem Pfifferling, die ich sicherheitshalber wasche. Wie das schnell und schonend geht, erfahren Sie auf Seite 97.

Ganz besonders begeistern kann ich mich für die ursprünglich aus Japan stammenden Shiitake-Pilze, die nun auch bei uns gezüchtet werden. Am liebsten mag ich sie gebraten, wie zu meiner Tafelspitzsülze (Rezept Seite 78). Und da bin ich wiederum ein Naturfreak: Ordentlich heiße Butter, die Shiitake ohne Stiele hinein, Salz und Pfeffer dazu, am Ende noch etwas glatte Petersilie – mehr braucht so ein Pilz nicht.

Kommen wir endlich zum Trüffel. Für die besonders gefragten weißen Knollen aus Italien ist der tiefe Herbst die beste Zeit. Aber keine Sorge, dieser Genuß muß nicht die Welt kosten. Denn schon ein paar Tropfen weißes Trüffelöl verwandeln ein gutes Gericht in ein unvergleichliches. Probieren Sie es aus bei meiner Kürbis-Maronen-Suppe (Seite 82) – und schon sind sie mittendrin in jenen Tagen, an denen die Kürbisse an den Marktständen leuchten und die Maronibrater ihre Öfen anheizen. Besser kann der Herbst kaum noch schmecken.

Lauwarmer Herbstsal-

Zutaten für 4 Personen (als Vorspeise)

200 g Kalbsfilet
Salz
Pfeffer aus der Mühle

3 Knoblauchzehen
4 EL Sojasauce
3 EL Balsamico-Essig
1 EL Honig
1/2 TL Garam masala (indische Gewürzmischung)
1 TL frisch geriebener Ingwer
2 EL Speisestärke

1 Kopf Lollo rosso
100 g Feldsalat

10 ml Weißweinessig
5 EL Noilly Prat (französischer Wermutwein, ersatzweise trockener Weißwein)
5 EL Sahne
3 EL Salatöl
Zucker

20 g Butter
150 g Shrimps

1 Das Filet in 1 cm dünne Scheiben schneiden und mit Salz und Pfeffer würzen. Den Knoblauch schälen, fein würfeln und mit allen Zutaten für die Marinade bis hin zur Speisestärke verrühren. Das Fleisch darin 1 Stunde marinieren.

2 Die Salate gründlich putzen, waschen, trockenschwenken und in mundgerechte Stücke teilen. Diese in der Mitte von 4 großen Tellern zu einem Bouquet arrangieren. Essig, Noilly Prat, Sahne und Öl aufmixen und mit Salz, Pfeffer und etwas Zucker abschmecken.

3 Die Butter in einer großen beschichteten Pfanne erhitzen und die mit Marinade überzogenen Filetscheiben darin auf jeder Seite 1 Minute anbraten. Nach dem Wenden die Shrimps zugeben und erwärmen.

4 Den Salat mit dem Dressing beträufeln. Die Kalbsfiletstreifen mit den Shrimps dekorativ um die Salatblätter anordnen.

Zubereitungszeit: 30 Minuten (plus 1 Stunde Marinierzeit)

Kalorien/Joule pro Person: 270/1130

» Von den Chinesen stammt der Trick, Fleisch mit etwas Stärke zu marinieren und damit besonders zart zu machen. Hier bindet die Stärke auch noch die Marinade ans Fleisch – ein sehr delikater Effekt. «

ıf asiatische Art

Tafelspitzsülze mit P

nesan

Zutaten für 10 Personen (als Vorspeise)

600 g Tafelspitz
2 Möhren (250 g)
300 g Knollensellerie
1/2 Lauchstange
2 Zwiebeln
2 Lorbeerblätter
5 Pfefferkörner
2 Wacholderbeeren

15 Blatt weiße Gelatine
130 ml Weißweinessig
Salz
Pfeffer aus der Mühle
Zucker
1 Zucchino (100 g)
200 g Broccoli

gemischte Salatblätter
200 g Shii-Take Pilze
30 g Butter
1 EL gehackte Petersilie
5 EL Prosecco oder Weißwein
1 EL Meerrettich (Glas)
10 EL Distelöl oder anderes Pflanzenöl
5 EL Parmesanspäne
2 EL Pinienkerne

Zubereitungszeit: 1 Stunde 15 Minuten (plus 2 Stunden Kochzeit, dazu 1–2 Tage Kühlzeit)

Kalorien/Joule pro Person: 300/1260

1 Am Vortag den Tafelspitz kalt abspülen. 1 Möhre und die Hälfte vom Sellerie schälen. Lauch putzen und waschen. Zwiebeln ungeschält waschen, halbieren und in einer trockenen Pfanne auf den Schnittflächen gut anbräunen.

2 Fleisch, Zwiebeln und Gemüse samt ganzen Gewürzen in einem Topf knapp mit kaltem Wasser bedecken. In etwa 2 Stunden auf kleiner Flamme weich köcheln und den Schaum abschöpfen.

3 Fleisch über Nacht in der Bouillon abkühlen lassen, dann herausnehmen. Ein Sieb mit einem Tuch ausschlagen, die kalte Bouillon hindurchgießen. Die entfettete Bouillon auf etwa 600 ml einkochen lassen. Inzwischen Gelatine kalt einweichen. In der Bouillon auflösen. Mit 60 ml Essig, Salz, Pfeffer und 1 Prise Zucker würzen.

4 Das Fleisch fein würfeln. Übriges Gemüse putzen und fein würfeln bzw. Broccoli in Röschen teilen. Die Sellerie- und Möhrenwürfel 2–3 Minuten, die Zucchiniwürfel und die Broccoliröschen 1 Minute in Salzwasser bißfest kochen, kalt abschrecken, abtropfen lassen.

5 Eine passende Kastenform so mit Frischhaltefolie auslegen, daß sie an den Seiten überhängt. Fleisch- und Gemüsewürfel mischen, in die Form füllen. Warme Bouillon zugießen, mindestens 5 Stunden oder über Nacht kühlstellen.

6 Mit Hilfe der Folie die Sülze anheben und stürzen, mit einem scharfen Messer dünn aufschneiden. Die Scheiben auf Tellern anrichten. Mit Salat garnieren.

7 Shii-Take putzen, entstielen und vierteln. Pilzstücke 1 Minute in der Butter braten. Petersilie zugeben, salzen und pfeffern. Übrigen Essig mit Prosecco, Meerrettich, Salz, Zucker und Pfeffer aufrühren. Öl tröpfchenweise unterrühren. Sülze und Salat mit Vinaigrette beträufeln. Pilze darauf verteilen, mit Parmesanspänen und kurz angerösteten Pinienkernen bestreuen.

Kartoffelschaumsüpp

Zutaten für 4 Personen

300 g mehlige Kartoffeln
Salz
200 g Steinpilze
2 Schalotten
50 g weiche Butter
400 ml kräftige Bouillon oder Gemüsebrühe (Rezept Seite 138 bzw. 139, ersatzweise aus dem Glas)
200 ml Sahne
3 EL Olivenöl
Pfeffer aus der Mühle
Muskatnuß
Petersilie zum Garnieren

Zubereitungszeit: 45 Minuten

Kalorien/Joule pro Person: 770/3200

1 Die Kartoffeln schälen, halbieren und in Salzwasser in 15–20 Minuten weich kochen.

2 Steinpilze ganz kurz abbrausen, trockenwischen und von dunklen Stellen befreien. Die Pilze in dünne Scheiben schneiden. Die Schalotten schälen und würfeln.

3 Die abgegossenen Kartoffeln kurz ausdampfen lassen, durch die Kartoffelpresse drücken und das Püree mit der Butter glattrühren. Die Bouillon mit der Sahne erhitzen und das Kartoffelpüree einrühren.

4 Die Schalotten im Olivenöl glasig braten, dann die Pilze zugeben und kurz anbraten. Mit Salz und Pfeffer würzen, zur Hälfte in die Suppe geben und darin mit dem Stabmixer pürieren. Die Suppe mit Salz, Pfeffer und Muskat abschmecken.

5 Die heiße Suppe in vorgewärmte Teller geben und die restlichen Steinpilze darin verteilen. Mit fein gehackter Petersilie garnieren.

Dazu paßt ein duftiger, halbtrockener Rosé, zum Beispiel ein Spätburgunder Weißherbst aus Baden

» Für eine feine Kartoffelsuppe koche ich extra ein Püree, das dann mit der heißen Flüssigkeit vermischt wird. Das hebt den Eigengeschmack sehr. Ganz wichtig: Die ganzen Kartoffeln nicht mit dem Mixer pürieren, sonst wird die Suppe kleistrig. «

en mit Steinpilzen

Aufgeschlagene Kürb

Maronen-Suppe

1 Den Ofen auf 200° vorheizen. Die Maronen mit einem scharfen Messer kreuzweise einschneiden und im Ofen auf der Mittelschiene etwa 10 Minuten backen lassen, bis die Schale aufspringt.

2 Die Schale ablösen oder das Fruchtfleisch mit einem Kaffeelöffel aus der Schale lösen. Dann den braunen »Filz« entfernen. Das Kürbisfleisch in Würfel schneiden.

3 Die Butter in einem Topf zerfließen lassen und die Maronen darin mit dem Zucker unter Rühren in etwa 4 Minuten karamelisieren lassen.

4 Den Kürbis zugeben und mit Bouillon, Madeira, Portwein und Sahne auffüllen. Die Suppe etwa 15 Minuten bei geringer Hitze köcheln lassen, bis die Maronen weich gekocht sind.

5 Nun die Suppe mit dem Pürierstab etwas aufmixen. Mit Salz, Pfeffer und dem Trüffelöl abschmecken und nochmals richtig schaumig aufmixen.

So wird aus dem Kürbis eine attraktive Suppenschüssel: Setzen Sie einen Teigring oder eine Schüssel oben auf und schneiden Sie den Kürbis daran entlang in Zackenform ein.

Zutaten für 4 Personen

250 g Maronen
200 g Kürbisfleisch
20 g Butter
1 TL Zucker
1/2 l Bouillon (Rezept Seite 138 bzw. 139, ersatzweise aus dem Glas)
100 ml Madeira
100 ml weißer Portwein
100 ml Sahne
Salz
Pfeffer aus der Mühle
1/2 TL weißes Trüffelöl

Zubereitungszeit: 1 Stunde
Kalorien/Joule pro Person: 300/1230

» Nur ein paar Tropfen Trüffelöl, und diese Suppe ist perfekt. Aber natürlich geht's auch ohne – dann sollten Sie sich aber zumindest ein paar Steinpilze darin gönnen. «

Kartoffelpastete mit

Zutaten für 8–10 Personen

1 kg Lauch
1 Zwiebel
20 g Butter
100 ml Weißwein
500 ml Sahne
Salz
Pfeffer aus der Mühle
Muskatnuß

800 g tiefgekühlter Blätterteig
1 Knoblauchzehe
500 g vorwiegend festkochende Kartoffeln
7 EL Milch
100 g fein geriebener Greyerzerkäse (ersatzweise Appenzeller)

Mehl zum Ausrollen
Butter fürs Blech

2 Eigelb

Zubereitungszeit: 1 Stunde 15 Minuten (plus 45 Minuten Garzeit)

Kalorien/Joule pro Person: 560/2300

1 Den Lauch putzen, längs halbieren, waschen und in feine Streifen schneiden. Zwiebel schälen, würfeln und in der Butter andünsten. Lauch mit anschwitzen, mit Wein ablöschen und diesen völlig einkochen lassen.

2 400 ml Sahne zufügen und das Gemüse 15–20 Minuten bei sanfter Hitze musig kochen. Mit Salz, Pfeffer und Muskat würzen und abkühlen lassen.

3 Den Blätterteig auftauen lassen. Knoblauch schälen und würfeln. Kartoffeln schälen, in dünne Scheiben schneiden. Mit Knoblauch, übriger Sahne, 5 EL Milch und dem Käse vermischen. Alles mit Salz, Pfeffer und Muskat würzen.

4 Alle Teigplatten bis auf zwei mit Wasser bestreichen und zu zwei Stapeln aufeinanderlegen, wobei die trockenen Platten oben liegen. Einen Stapel auf bemehlter Fläche ausrollen und das gebutterte Backblech damit auslegen, so daß er leicht überlappt. Ofen auf 200° vorheizen.

5 Die Kartoffeln zur Hälfte auf dem Teigboden verteilen, den Lauch daraufgeben und die restlichen Kartoffeln darüber ausbreiten.

6 Den übrigen Teig zu einem Deckel auswallen. Eigelb mit etwas Salz und übriger Milch verrühren. Den überlappenden Teig über die Füllung schlagen, mit Eigelb bestreichen und den Teigdeckel daraufsetzen. Diesen ebenfalls mit Eigelb bestreichen.

7 Die Pastete auf der untersten Schiene im Ofen in etwa 45 Minuten knusprig backen.

» Fertiger Blätterteig geht besonders schön und gleichmäßig auf, wenn die Platten übereinandergestapelt und nochmals dünn ausgerollt werden. «

ıch und Käse

Spinatsoufflés mit W

Zutaten für 4 Personen (als kleines Gericht)

600 g frischer Spinat
1 kleine Knoblauchzehe
2 Schalotten
50 g Walnußkerne
3 EL Butter
Salz
Pfeffer aus der Mühle
Muskatnuß

1/2 EL Mehl
50 ml lauwarme Milch
50 ml lauwarme Sahne
2 TL Zitronensaft
2 Eiweiß

4 Auflaufförmchen (je 1/8 l Inhalt)
Butter für die Förmchen

Zubereitungszeit: 45 Minuten (plus 20 Minuten Garzeit)

Kalorien/Joule pro Person: 500/2200

Dazu paßt ein mit Walnußöl angemachter Blattsalat oder ein paar gebratene Kartoffelwürfel.

1 Den Spinat gründlich waschen und putzen. Die Blätter am besten in einer Salatschleuder trocknen und grob hacken. Knoblauch und Schalotten schälen und fein würfeln. Die Walnußkerne grob hacken und in einer trockenen Pfanne leicht anrösten.

2 Knoblauch und Schalotten in einem großen Topf in 2 EL Butter glasig braten, den Spinat darin unter Rühren zusammenfallen lassen. Gut ausdrücken, mit Salz, Pfeffer und Muskat würzen und beiseite stellen.

3 Die übrige Butter zerlaufen lassen und das Mehl darin anschwitzen. Dann die etwas angewärmte Milch und Sahne unter ständigem Rühren zugeben und unter weiterem Rühren zu einer dickflüssigen Sauce verkochen.

4 Den Ofen auf 200° vorheizen. Die Sauce unter Rühren 5 Minuten köcheln lassen. Die Auflaufförmchen buttern. Einen alle Förmchen fassenden Topf mit soviel heißem Wasser füllen, daß die Förmchen darin später bis 1 cm unter den

üssen

Rand im Wasser stehen. Den Topf in den heißen Ofen stellen.

5 Den Spinat samt Sud sowie die Walnüsse in die Sauce rühren und mit Salz, Pfeffer, Muskat und Zitronensaft abschmecken. Die Eiweiß mit einer Prise Salz steif schlagen und behutsam unter die etwas ausgekühlte Masse heben.

6 Die Förmchen zu drei Vierteln mit der Masse füllen und in das Wasserbad im Backofen stellen. Die Soufflés etwa 20 Minuten garen, bis sie schön aufgegangen sind. Dabei erst in den letzten 5 Minuten die Ofentür zur Kontrolle vorsichtig öffnen, damit die Soufflés beim Garen nicht zusammensacken.

» Legen Sie ein paar Lagen Küchenpapier auf den Boden des Topfes für das Wasserbad. So bekommen die Soufflés nicht zu viel Hitze von unten. «

Kabeljaupäckchen mi

Zutaten für 4 Personen (als kleines Gericht)

500 g festkochende Kartoffeln
Salz

400 g frisches Kabeljaufilet
150 g geräucherter Lachs in Scheiben
2 Tomaten

1 Schalotte
1 EL Olivenöl
200 ml Weißwein
200 ml Fischfond (Rezept Seite 139, ersatzweise aus dem Glas)

100 ml Sahne
1 Bund Basilikum
30 g kalte Butter

Dazu schmeckt frischer, in etwas Butter geschwenkter Blattspinat

Zubereitungszeit: 1 Stunde

Kalorien/Joule pro Person: 380/1590

1 Die Kartoffeln schälen und in 1 cm große Würfel schneiden. In Salzwasser in 10–15 Minuten bißfest kochen.

2 Den Kabeljau in vier kompakte Medaillons schneiden. Diese leicht salzen und etwas überlappend mit dem Räucherlachs belegen. Kühl stellen.

3 Die Tomaten einritzen, überbrühen, und häuten. Die Kerne entfernen und das Fruchtfleisch würfeln.

4 Die Schalotte schälen und würfeln. In einem für die Medaillons passenden Topf das Öl erhitzen, Schalotte darin anschwitzen. Mit dem Weißwein ablöschen und diesen kurz einkochen lassen. Fischfond dazugießen und die Flüssigkeit um ein Drittel einkochen lassen. Den Ofen auf 80° vorheizen.

5 Die Kabeljaupäckchen in den Sud setzen und bei sanfter Hitze 5–6 Minuten zugedeckt pochieren. Dann den Fisch herausnehmen und mit Folie abgedeckt noch 15 Minuten im Ofen nachgaren.

6 Den Fond durch ein feines Sieb gießen und mit der Sahne sämig einkochen. Die Basilikumblättchen in Streifen schneiden. Die Butter in Scheiben schneiden und nach und nach in die Sauce rühren. Die Kartoffel- und Tomatenwürfel darin erhitzen, die Basilikumstreifen einrühren und die Rahmkartoffeln noch mit etwas Salz würzen.

7 Die Kartoffeln als kleines Bett auf dem Teller anrichten, die Kabeljaupäckchen daraufsetzen und mit Basilikumblättchen garnieren.

» Der Lachs umschließt den Kabeljau beim Garen wie ein Päckchen und verleiht ihm Aroma. So wird der einfache Fisch zur raffinierten Delikatesse. «

ahmkartoffeln

Lasagne von Viktori

arsch und Auberginen

1 Die Tomaten einritzen, überbrühen, abschrecken und häuten. Die Kerne entfernen und das Fruchtfleisch fein würfeln. Den Fenchel waschen und putzen. Schalotten und Knoblauch schälen, alles fein würfeln.

2 2 EL Olivenöl erhitzen und den Fenchel mit Knoblauch und Schalotten darin anschwitzen. Die Tomaten zugeben, mit Salz und Pfeffer würzen und beiseite stellen.

3 Die Auberginen waschen, vom Stielansatz befreien und der Länge nach in 1 cm dicke Scheiben schneiden. Das übrige Öl in einer beschichteten Pfanne erhitzen. Auberginen salzen und pfeffern, in Mehl wenden und im Öl auf beiden Seiten je 1 Minute braten. Auf Küchenpapier abfetten lassen.

4 Den Viktoriabarsch mit einem Filetiermesser schräg in dünne Scheiben schneiden und leicht salzen. Den Ofen auf 200° vorheizen.

5 Die Auberginenscheiben in eine geölte Auflaufform legen und die Gemüsewürfel darauf verteilen. Mit dem Viktoriabarsch belegen und für 15–20 Minuten in den heißen Ofen schieben.

6 Estragon waschen, trocknen und die Blätter hacken. Fischfond mit Noilly Prat um die Hälfte einkochen lassen. Die Crème fraîche einrühren, den Estragon dazugeben, leicht salzen.

7 Die Lasagne auf vorgewärmte Teller arrangieren, die Sauce mit dem Stabmixer aufschäumen und alles damit umgießen.

Zutaten für 4 Personen

3 Tomaten (150 g)
1 Fenchelknolle (200 g)
2 Schalotten
1 kleine Knoblauchzehe
8 EL Olivenöl
Salz
Pfeffer aus der Mühle

2 Auberginen (400 g)
2 EL Mehl
450 g Viktoriabarschfilet (ersatzweise Kabeljau)
Öl für die Form
1 Bund Estragon
100 ml Fischfond (Rezept Seite 139, ersatzweise aus dem Glas)
100 ml Noilly Prat (französischer Wermutwein, ersatzweise trockener Weißwein)
2 EL Crème fraîche

Zubereitungszeit: 60 Minuten
Kalorien/Joule pro Person: 360/1490

Dazu schmecken Wildreis oder Salzkartoffeln, als Getränk paßt ein kräftiger Weißwein, zum Beispiel eine Riesling Spätlese aus Franken.

» Wenn Sie Fisch schräg zur Arbeitsfläche hin aufschneiden, werden die Scheiben gleichmäßig dünn. Sehr gut eignet sich ein spezielles biegsames Filetiermesser. «

Hähnchenkeulen m

Zutaten für 4 Personen:

4 große Hähnchenkeulen (je 200 g)
4 EL Olivenöl
1/2 TL Paprikapulver, edelsüß
1 EL Honig
Salz
Pfeffer aus der Mühle

300 g Weißkraut
1 Fenchelknolle (200 g)
1 Zwiebel
1 säuerlicher Apfel
120 g Räucherspeck
3 Knoblauchzehen

1 Zweig Rosmarin
1 Zweig Thymian
1 l Bouillon (Rezept Seite 138, ersatzweise aus dem Glas)
100 ml Weißwein

Zubereitungszeit: 30 Minuten (plus 1 Stunde 15 Minuten Garzeit)

Kalorien/Joule pro Person: 720/3000

1 Die Hähnchenkeulen kurz unter fließend kaltem Wasser waschen und mit Küchenpapier trockentupfen. 2 EL Öl, Paprika, Honig, sowie Salz und Pfeffer zu einer würzigen Marinade verrühren und die Keulen damit einreiben.

2 Das Weißkraut von den Außenblättern befreien und den Strunk sowie die groben Blattrippen entfernen. Das Kraut in feine Streifen hobeln und waschen.

3 Den Fenchel waschen, putzen, vierteln und vom Strunk befreien. Zwiebel und Apfel schälen, vom Apfel das Kerngehäuse entfernen. Alles in feine Streifen schneiden, den Speck ebenfalls in Streifen schneiden. Knoblauch schälen und fein würfeln.

4 Das übrige Öl in einem großen Bräter erhitzen, die Keulen einlegen und von beiden Seiten anbraten. Den Speck mit dem Rosmarin- und Thymianzweig nach dem Wenden zu den Keulen geben und mitbraten. Den Ofen auf 200° vorheizen.

5 Die Keulen aus dem Bräter nehmen, und das tropfnasse Gemüse mit Zwiebel, Apfel und Knoblauch kurz im Bratsatz anschwitzen. Mit Salz und Pfeffer würzen und mit Bouillon sowie Weißwein aufgießen.

6 Die Keulen wieder auf das Gemüse legen, den Bräter mit einem Deckel verschließen und alles 1 Stunde und 15 Minuten im heißen Ofen schmoren lassen.

Dazu schmeckt besonders gut ein sahniges Kartoffelpüree (Rezept auf Seite 140).

» Weißkraut, Fenchel und Geflügel – dieses ungewöhnliche Trio wird im Schmortopf zu einem Ensemble mit Weltklasse und ist ideal für Gäste. «

raut und Fenchel

Winter: Eine Küche

raut und Fenchel

Entenbrust mit Pole

-Gratin

1 Den Maisgrieß in 1 l kochendes Salzwasser einrieseln lassen und unter Rühren bei sanfter Hitze 45 Minuten mehr quellen als kochen lassen. Die Butter und 30 g Parmesan einrühren und die Polenta 2 cm dick auf ein geöltes Blech oder in flache Gratinformen streichen. Abkühlen lassen und 2 Stunden kalt stellen.

2 Die kalte Polenta mit einem Kreisausstecher oder einem Glas zu Halbmonden ausstechen, wieder aufs gefettete Blech oder in die Gratinformen setzen.

3 Die Äpfel schälen, entkernen und in Schnitze teilen. 1 EL Butter mit dem Zucker aufschäumen lassen. Äpfel darin karamelisieren, mit Wein und Fond ablöschen und dies um zwei Drittel einkochen lassen. Calvados und restliche Butter einrühren, nochmals etwas einkochen lassen. Die Sauce mit Salz und Pfeffer abschmecken.

4 Den Ofen auf 180° vorheizen. Die Sahne zur Polenta gießen, mit Käse bestreuen. Für 30 Minuten in den heißen Ofen schieben.

5 Die Entenbrüste beidseitig gut salzen und pfeffern. Das Öl in eine kalte Eisenpfanne geben. Entenbrüste mit der Hautseite hineinlegen. Die Pfanne nun erhitzen und die Entenbrüste behutsam auf der Hautseite so lange braten, bis diese eine goldgelbe Farbe bekommt – das dauert etwa 7 Minuten.

6 Die Brüste wenden und mit der Polenta in den letzten 10 Minuten auf der obersten Ofenschiene mitgaren. Danach die Ofentüre öffnen, bis die Hitze auf genau 80° reduziert ist, und die Entenbrüste noch 15 Minuten nachgaren lassen. Polentagratin mit Alufolie abgedeckt im Ofen warm halten.

7 Die Apfelsauce erwärmen und die Minze einrühren. Die Entenbrust schräg in dünne Scheiben schneiden, auf einem vorgewärmten Teller mit der Polenta anrichten und mit der Apfelsauce umgießen.

Zutaten für 4 Personen:

200 g Maisgrieß
Salz
50 g Butter
80 g frisch geriebener Parmesan
Öl fürs Blech

2 Äpfel
2 EL Butter
1 EL Zucker
1/4 l Weißwein
1/2 l Geflügelfond (frisch oder aus dem Glas, ersatzweise Kalbsfond, Rezept Seite 138)
1 EL Calvados
Pfeffer aus der Mühle

100 ml Sahne
50 g frisch geriebener Greyerzer Käse

3–4 Barberie-Entenbrüste (800 g)
3 EL Öl
1/2 TL frisch gehackte Pfefferminze

Zubereitungszeit: 1 Stunde (plus 2 Stunden Kühlzeit)
Kalorien/Joule pro Person: 880/3680

Maisgrieß muß lange bei sanftem Feuer quellen, damit er zart wird. Nehmen Sie dazu einen Topf mit dickem Boden, der die Hitze gleichmäßiger hält.

Gratiniertes Rinder

Zutaten für 4 Personen

80 g weiche Butter
5 EL Semmelbrösel
1 TL Rotisseur-Senf
1 TL gehackter Estragon
1 TL gehackter Basilikum
Salz
Pfeffer aus der Mühle

350 g festkochende Kartoffeln
1 kleine Lauchstange (200 g)
2 Schalotten
200 g Pfifferlinge

4 Rinderfiletsteaks (je 180 g)
2 EL Öl

2 EL Butter
100 ml Weißwein
200 ml Sahne

Zubereitungszeit: 1 Stunde 20 Minuten

Kalorien/Joule pro Person: 690/2870

Dazu paßt ein kräftiger Rotwein, zum Beispiel ein Château Beaumont AC, Cru Bourgeois, Bordeaux

1 Die Butter mit Semmelbröseln, Senf und Kräutern vermengen und mit Salz und Pfeffer würzen. Die Masse zugedeckt kühl stellen.

2 Die Kartoffeln schälen und in kleine Würfel schneiden. In Salzwasser in 10–15 Minuten bißfest kochen und abgießen. Die Lauchstange putzen, halbieren, waschen und in feine Streifen schneiden, die Schalotten schälen und würfeln. Pfifferlinge putzen, waschen und trockentupfen. Große Pilze etwas zerteilen.

3 Den Ofen auf 80° vorheizen. Die Steaks mit Salz und Pfeffer würzen. Das Öl erhitzen und das Fleisch darin behutsam unter häufigem Wenden in 3 Minuten anbraten. Das Fleisch anschließend noch 30 Minuten im Ofen nachgaren lassen (siehe Seite 136).

4 Lauch und Schalotten in einem Topf in 1 EL Butter anschwitzen. Mit Wein ablöschen und einkochen lassen. Mit Sahne auffüllen und bei sanfter Hitze 10–15 Minuten köcheln lassen, bis der Lauch weich ist. Die Pfifferlinge in der übrigen Butter 1 Minute braten, mit Salz und Pfeffer würzen und in der letzten Minute mit dem Lauch mitgaren. Das Gemüse mit Salz und Pfeffer würzen.

5 Die Steaks aus dem Ofen holen und den Grill anstellen. Haben Sie keinen Grill, heizen Sie den Ofen auf höchste Stufe auf. Die Bröselmasse 1 cm dick auf die Filets streichen. Die Filets etwa 2 Minuten unter dem Grill goldbraun gratinieren oder auf oberster Schiene im heißen Ofen etwa 3 Minuten überbacken. Mit dem Pfifferlingsgemüse auf vorgewärmten Tellern anrichten.

t mit Pfifferlingsgemüse

» Pfifferlinge aus dem Wald
wasche ich immer,
auch wenn es
ihnen etwas Aroma nimmt.
Geben Sie die Pilze
in eine Schüssel
mit kaltem Wasser
und etwas Mehl,
rühren Sie kurz durch,
und schon
sind die Pilze
völlig
sauber. «

Glacierte Kalbsbrus

mit Brezenfüllung

Zutaten für 4 Personen

2 Zwiebeln
100 g Räucherspeck
1 EL Butter
2 EL gehackte Petersilie
2–3 Brezen vom Vortag
2 Eier
100 ml Milch
Salz
Pfeffer aus der Mühle
Muskatnuß

1 Möhre (100 g)
100 g Sellerie
1/2 Lauchstange
1 Knoblauchzehe
1,5 kg Kalbsbrust (mit eingeschnittener Tasche)
1 TL Kümmel
1 TL frisch gehackter Majoran

4 EL Öl
200 g gehackte Kalbsknochen
1/2 EL Tomatenmark
etwa 200 ml dunkles Bier oder Malzbier

Dazu schmeckt Bayrisches Kraut – ein zusätzlich mit etwas Essig und Zucker gedünstetes Weißkraut.

Zubereitungszeit: 45 Minuten (plus 1 Stunde 30 Minuten Garzeit)
Kalorien/Joule pro Person: 900/3760

1 Die Zwiebeln schälen. 1/2 Zwiebel in feine Würfel schneiden, die übrigen grob hacken. Den Speck würfeln, mit den Zwiebelwürfeln in der Butter anbraten, zum Schluß die Petersilie zugeben. Brezen in Scheiben schneiden und die verquirlten Eier sowie die Speckzwiebeln daraufgeben.

2 Die Milch etwas erhitzen und mit einem Kochlöffel mit der Brezenmasse vermengen, dabei mit Salz, Pfeffer und Muskat würzen. Die Füllung zugedeckt 10 Minuten quellen lassen.

3 Möhre und Sellerie schälen und grob würfeln. Lauch putzen, längs halbieren, waschen und in breite Stücke schneiden. Knoblauch schälen und fein hacken.

4 Den Ofen auf 180° vorheizen. Die Kalbsbrust innen und außen mit Salz, Pfeffer, Knoblauch, Kümmel und Majoran einreiben. Die Brezenmasse in die Tasche füllen und diese mit Zahnstochern verschließen.

5 Den Ofen auf 180° vorheizen. Öl im Bräter erhitzen und die Brust behutsam von allen Seiten anbraten. Das Fleisch herausnehmen und die Knochen mit dem Gemüse anbraten. Tomatenmark zugeben und mit Bier ablöschen.

6 Die Kalbsbrust in den Bräter legen und bei 180° etwa 1 1/2 Stunden garen, eventuell noch etwas Bier aufgießen. Beim Braten die Kalbsbrust immer wieder mit dem Bratensatz beschöpfen, damit sie schön »glaciert« und so eine glänzende Kruste bekommt.

7 Die Kalbsbrust aus dem Bräter nehmen und warm stellen, die Bratensauce abschmecken, nach Wunsch durch ein feines Sieb passieren. Die Brust in dünne Scheiben schneiden und mit der Sauce servieren.

Geschmorte Äpfel i

1 Für die Sauce die Vanilleschote halbieren und das Mark herauskratzen. 2 Äpfel schälen, halbieren, vom Kerngehäuse befreien und in dünne Scheiben schneiden. Sahne, Milch und Vanillemark aufkochen. Apfelschnitze darin in etwa 10 Minuten sanft weichkochen. Alles pürieren und leicht abkühlen lassen.

2 Die Apfelsauce mit Ei, Eigelb und Vanillezucker in einer Metallschüssel verrühren und im Wasserbad etwa 4 Minuten aufschlagen, bis die Flüssigkeit heiß und dick-schaumig ist (siehe Seite 137).

3 Den Apfelschaum mit der Schüssel in Eiswasser setzen und kaltrühren. Mit 3 EL Calvados verfeinern und zugedeckt kühl stellen.

4 Für die Füllung Marzipan, Mandeln, übrigen Calvados und 5 EL Apfelsaft miteinander vermengen. Restliche Äpfel waschen, jeweils einen Deckel abschneiden und das Kerngehäuse großzügig mit dem Apfelausstecher entfernen, damit die Füllung Platz hat. Äpfel mit der Marzipanmasse füllen, Deckel wieder aufsetzen. Den Backofen auf 180° vorheizen.

5 Übrigen Apfelsaft mit Wein, Zucker, Zimtstange und Zitronenschale in einer Auflaufform aufkochen. Die gefüllten Äpfel in die Flüssigkeit stellen und etwa 30 Minuten im Ofen garen.

6 Anschließend die kalte Sauce in Suppenteller giessen und die heißen Äpfel darauf anrichten.

Zutaten für 4 Personen

1 Vanilleschote
6 Boskoop-Äpfel (je 150 g)
100 ml Sahne
100 ml Milch
1 Ei
1 Eigelb
2 EL Vanillezucker
6 EL Calvados

100 g Marzipanrohmasse
150 g gemahlene Mandeln
150 ml Apfelsaft

100 ml Weißwein
50 g Zucker
1 Stück Zimtstange
1 dünner Streifen unbehandelte Zitronenschale

Zubereitungszeit: 1 Stunde 30 Minuten

Kalorien/Joule pro Person: 710/2980

»Wer im Herbst durch unser Dorf geht, der weiß, daß es auf der Welt mehr als nur die drei Apfelsorten aus dem Supermarkt gibt. Zum Glück ist aber inzwischen der mürbe, aromatische Boskoop weiter verbreitet – er eignet sich sehr gut für dieses Gericht.«

pfelschaum

Zwetschgenstrudel m

» Mit einem großen Tuch und etwas Geschick können Sie auch einen einzigen Strudel formen, der in U-Form aufs Blech gelegt und gebacken wird. «

weißer Schokoladensauce

Zutaten für 10 Personen

1 Portion süßer Strudelteig (Grundrezept auf Seite 140, für 2 Strudel)

750 g Zwetschgen
100 g Zucker
1 EL Vanillezucker
1 Msp. Zimt
2 EL Zwetschgenwasser

Mehl zum Ausrollen
100 g flüssige Butter
100 g gemahlene Mandeln
Butter fürs Blech
200 ml Sahne
150 g weiße Kuvertüre
1 EL Puderzucker

Zubereitungszeit: 1 Stunde
Kalorien/Joule pro Portion: 300/1250

Zur Deko nach Belieben mit dunkler Kuvertüre Muster in die Sauce ziehen.

1 Den Strudelteig nach Grundrezept zubereiten und ruhen lassen.

2 Die Zwetschgen gut waschen, entsteinen und achteln – kleinere Früchte vierteln. Mit Zucker, Vanillezucker, Zimt und Zwetschgenwasser mischen und ziehen lassen.

3 Den Strudelteig halbieren und eine Hälfte mit einem Nudelholz auf einem großen bemehlten Küchentuch auswallen. Die Teigplatte über dem Handrücken ganz dünn ausziehen. Den Teig mit 2–3 EL flüssiger Butter bepinseln und mit der Hälfte der Mandeln bestreuen. Die halbe Menge der Zwetschgen auf dem Teig ausbreiten.

4 Den Teig mit Hilfe des Tuches zu einem Strudel aufrollen und mit der Nahtseite nach unten auf ein gebuttertes Backblech setzen. Auf die selbe Weise auch den zweiten Strudel zubereiten.

5 Den Backofen auf 180° vorheizen. Die übrige Butter mit 5 EL Sahne verrühren und die Strudel damit bepinseln. Nun die Strudel in etwa 25 Minuten knusprig backen, dabei immer wieder mit der Buttersahne bestreichen.

6 Die Kuvertüre in kleine Würfel schneiden und in der übrigen Sahne auf dem Herd schmelzen lassen, so daß ein glatte, glänzende Sauce entsteht. Den Zwetschgenstrudel portionsweise aufschneiden und mit Puderzucker bestreuen. Die Sauce auf einen Teller gießen und den den Strudel darauf anrichten.

Winter: Eine Küche

ie verwöhnt!

Menüvorschläge

Linsenschaumsüppchen mit Parmaschinken
Gefüllte Schweinekoteletts auf meine Art
Karamelisierte Mangotörtchen

▼

Gebeizter Saibling mit Apfel-Sellerie-Salat
Rehrückenfilets mit Maronenpüree
Geeister Christstollen mit Marzipan

▼

Fischsüppchen mit Pernod und Safran
Pochierte Poulardenbrüste im Wurzelsud
Kokosnußtimbale mit Schokoladen-Ingwer-Sauce

Voller Kraft in die ka

Wenn es draußen kalt wird und der erste Schnee im Allgäu fällt, dann beginnt auch in unserer Küche eine interessante Zeit. Sicher, auf ein paar mir liebe Produkte verzichte ich jetzt, weil die nur mit unnatürlichem Aufwand zu haben sind. Erdbeeren etwa, die gibt's bei uns im Winter nur in der Marmelade und nicht zum Dessert. Wozu auch? Exoten wie die duftenden Papayas schmecken gerade jetzt am allerbesten. Und auf so etwas Tolles wie die karamelesierten Mangotörtchen von Seite 134 möchte ich bei aller Liebe zur Region nicht verzichten. Aber Sie werden es ohnehin schon gemerkt haben: Ein gutes Stück von meinem Köcheherz gehört dem Exotischen. Probieren Sie doch auch mal etwas Neues aus. Ein wenig Mango-Chutney, etwas von der indischen Gewürzmischung Garam masala, und schon wird aus dem Rotkrautsalat auf Seite 110 eine richtige Delikatesse.

Weil wir gerade von Gewürzen sprechen: Die sind im Winter richtig »in« in unserer Küche. Denn den Kräutern aus dem Treibhaus fehlt es in dieser Zeit einfach an Kraft. Und so setze ich auf Aroma und Energie, wie es Nelken, Koriander oder Zimt aus den Tropen hierher bringen. Damit das alles erhalten bleibt, bewahre ich die Gewürze dunkel, gut verschlossen und kühl auf – stellen Sie sie also nicht auf ein hohes Bord direkt über dem Herd. Und nur, wenn alles möglichst frisch zerkleinert wird, entwickelt es den vollen Geschmack. Nehmen wir den Pfeffer zum Beispiel, ein tolles Gewürz. Ein Feldsalat mit viel frisch gemahlenem schwarzen Pfeffer – mmmh! Aber jetzt probieren Sie das mal mit Tütenpfeffer: muffig, scharf und sonst nichts. Deswegen ist für mich eine gute Pfeffermühle genauso wichtig wie ein scharfes Messer.

Frisch gemahlen, halb gewonnen

Was den Winter so richtig interessant macht, ist das Nebeneinander von Deftigem und Festlichem. Da sind die haltbaren Kraut- und Wurzelgemüse sowie Hülsenfrüchte, die ich dann der eher leeren Treibhausware vorziehe. Davon lebten viele Bauern ja früher fast das ganze Jahr. Dafür nun auch Feinschmecker

n Tage

zu gewinnen, das reizt mich. Das delikate Linsenschaum-süppchen auf Seite 112 ist ein schönes Beispiel dafür.
Und noch etwas spielt im Winter eine große Rolle: Fleisch. In vergangenen Zeiten wurde nur an kalten Tagen geschlachtet – so war man auch gleich für die Feiertage gerüstet. Heute ist Fleisch oft ein Reizthema, und das sicher nicht zu Unrecht. Aber ganz ohne Fleisch, das muß nicht sein. Bestehen Sie beim Einkauf auf gute, am besten einheimische Qualität und sagen Sie das Ihrem Metzger. Meiner jedenfalls reserviert mir inzwischen ungefragt die zartesten Rücken vom Allgäuer Milchkalb. Das muß nicht gleich vom Bio-Bauernhof kommen, aber es sollte zumindest gut gelebt haben – damit auch meine Gäste und ich damit gut leben können. Sicher, das kostet ein bißchen mehr. Aber gerade wer nur ab und zu Fleisch ißt, dem sollte gute Qualität ihr Geld wert sein. Die Gans zum Beispiel: Die gönnt man sich ein, zweimal im Jahr, und dann soll's so ein Eisbomber aus der Truhe für ein paar Mark sein? Das gibt kaum ein Festessen. Aber eine frische Landgans, knusprig durchgebraten, mit saftigem Rotkraut dazu – die vergißt man so schnell nicht mehr.
Ganz besonders, wenn danach noch ein tolles Dessert serviert wird. Oft erinnert man sich nach einem gelungenen Menü zuerst an den süßen Schlußpunkt. Ich mag ja gern Süßes, was Sie auch bei manchen meiner pikanten Rezepte schmecken können. Beim Nachtisch aber versuche ich, so wenig Zucker wie möglich zu verwenden, damit die anderen Aromen nicht übertönt werden. Und da halt ich's auch eher mit dem Eindeutigen: Ein Teller mit zwei Highlights, die sich geschmacklich ergänzen, gefällt mir meistens besser als ein Feuerwerk der Aromen. Weniger ist mehr – ein Spruch, der im Winter eigentlich zu meiner ganzen Küche paßt.

Kraut und Rüben – Basis für winterliche Delikatessen

Gebeizter Saibling mi

Zutaten für 4 Personen (als Vorspeise)

4 Saiblingfilets ohne Haut (je 100 g, ersatzweise frische Forellenfilets)
1 Limette
1 TL gehackter Dill
1 TL gehacktes Basilikum
Zucker
Salz, weißer Pfeffer aus der Mühle

1 EL Sauerrahm
1/2 EL Mayonnaise
1 EL Walnußkerne
4 Stangen Staudensellerie
1 säuerlicher Apfel
Limettensaft

etwas Öl

Zubereitungszeit: 30 Minuten (plus 8 Stunden Marinierzeit)

Kalorien/Joule pro Person: 160/680

1 Die Saiblingfilets von Gräten und eventuellen Hautresten befreien und mit Küchenpapier trockentupfen. Limette heiß waschen, die Schale dünn abreiben und den Saft auspressen.

2 Limettensaft und -schale mit Kräutern, 1 TL Zucker, 1/2 TL Salz und etwas Pfeffer mischen. Die Fischfilets nun beidseitig mit der Gewürzmischung einreiben, in Frischhaltefolie wickeln und 8 Stunden, am besten über Nacht, in den Kühlschrank legen.

3 Für den Salat Sauerrahm und Mayonnaise verrühren. Die Nüsse hacken. Den Staudensellerie waschen, putzen, schälen und in feine Scheiben schneiden. Den Apfel schälen, vierteln, das Kerngehäuse entfernen, Fruchtfleisch in Scheiben schneiden.

4 Alle Zutaten mit der Sauce vermischen und den Salat mit etwas Limettensaft, Zucker und Salz abschmecken. Die marinierten Saiblingfilets auswickeln und ganz kurz von beiden Seiten in einer heißen beschichteten Pfanne mit ganz wenig Öl anbraten. Der Fisch sollte innen noch roh bleiben.

5 Die gebratenen Fischfilets mit dem Salat auf einem Teller anrichten.

Dazu paßt ein würziger, körperreicher Weißwein, zum Beispiel ein Pinot Grigio aus dem Trentino oder Südtirol.

» Saibling mal ganz anders – hier wird er süß-sauer mariniert und dann >englisch< gebraten. Das müssen Sie unbedingt probieren. «

pfel-Sellerie-Salat

Entenbrust auf Mang

Zutaten für 4–6 Personen (als Vorspeise)

1/2 Kopf Rotkraut (400 g)
Salz
1 reife, aber feste Mango
2 EL Walnußkerne
1 EL Mango-Chutney (aus dem Glas)
1 TL Honig
2 Msp. Garam masala (indische Gewürzmischung)
4 EL Sonnenblumenöl
4 EL Balsamico-Essig
5 EL Noilly-Prat (französischer Wermutwein, ersatzweise trockener Weißwein)

Salz
Pfeffer aus der Mühle
2 Barberie-Entenbrüste (je 250 g)
1 Zweig Thymian
1 EL Honig
etwas Öl

3 EL Weißweinessig
2 Tütchen Safran (0,2 g)
1 TL frisch gehackter Estragon
Zucker
8 EL Sonnenblumenöl

Zubereitungszeit: 1 Stunde 15 Minuten

Kalorien/Joule pro Person: 420/1750

1 Das Rotkraut vom Strunk und dicken Blattrippen befreien und in dünne Streifen hobeln. Diese in kochendem Salzwasser 1 Minute blanchieren, auf ein Sieb gießen und unter fließend kaltem Wasser abkühlen.

2 Die Mango schälen, das Fleisch am Stein entlang herunterschneiden und in Streifen schneiden. Die Walnußkerne fein hacken.

3 Alle übrigen Zutaten für den Salat zu einer Marinade verrühren, mit Rotkraut, Mango und Walnüssen vermengen und mit Salz und Pfeffer abschmecken. Den Salat mit Frischhaltefolie abdecken und 30 Minuten kühl stellen.

Rotkraut-Salat

4 Die Entenbrüste salzen und pfeffern. Die Thymianblättchen abstreifen, hacken, mit Honig verrühren und die Entenbrüste damit einreiben. Eine Eisenpfanne oder eine andere ofenfeste Pfanne mit Öl ausstreichen und das Fleisch mit der Hautseite nach unten in die kalte Pfanne legen.

5 Die Entenbrüste nun behutsam auf der Hautseite so lange braten, bis diese eine goldgelbe Farbe bekommt. Die Brüste wenden und auf der obersten Schiene unter dem Grill etwa 8 Minuten garen lassen, bis die Haut schön knusprig ist. Danach den Ofen auf genau 80° temperieren und das Fleisch darin noch 15 Minuten sanft garen lassen (siehe Seite 136).

6 Weißweinessig mit Safran, Estragon, Salz und etwas Zucker verrühren, Öl nach und nach daruntermixen. Rotkrautsalat auf Teller verteilen. Die warme Entenbrust in dünne Scheiben schneiden und auf dem Salat auffächern. Entenbrust mit der Safran-Vinaigrette beträufeln und servieren.

Indisches Fladenbrot sollten Sie unbedingt mal dazu probieren. Aber auch Baguette paßt sehr gut.

Falls Sie keinen Grill haben, garen Sie die Entenbrust wie im Rezept auf Seite 95 beschrieben.

» Wenn Sie Entenbrust wie hier beschrieben >auf die kalte Art< anbraten, dann gart sie gleichmäßiger und ihre Haut zieht sich dabei nicht zusammen. «

Linsenschaumsüppche

» Gefühlvoll zubereitet sind Linsen eine Delikatesse. Probieren Sie diese Suppe auch mal mit Fischfond statt Bouillon und Räucherlachs statt Parmaschinken. Weltklasse! «

it Parmaschinken

Zutaten für 4 Personen

100 g getrocknete braune Linsen
2 Scheiben geräucherter Speck
1 Möhre (50 g)
1 Stück Knollensellerie (50 g)
1 Zwiebel
1/2 Stange Lauch
4 EL Olivenöl
3 Zweige Thymian
100 ml Portwein
100 ml Madeira
1 l Bouillon

8 hauchdünne Scheiben Parmaschinken (50 g)
1/4 l Sahne
Salz
Pfeffer aus der Mühle
5 EL Balsamico-Essig
40 g kalte Butter

1 Die Linsen über Nacht in kaltem Wasser einweichen. Dann den Speck fein würfeln. Möhre, Sellerie und Zwiebel schälen und ebenfalls fein würfeln. Den Lauch putzen, waschen und in feine Streifen schneiden.

2 Das Olivenöl in einem Topf erhitzen und den Speck samt Gemüse und Thymian darin anschwitzen.

Die Linsen zugeben. Mit Portwein und Madeira ablöschen und einkochen lassen. Die Linsen mit der Bouillon auffüllen und in etwa 40 Minuten bei geringer Hitze weich köcheln. Den Schinken falls nötig von starken Fetträndern befreien und in Stücke teilen.

4 Mit dem Pürierstab die Linsensuppe pürieren und durch ein Haarsieb streichen. Die Suppe erneut zum Kochen bringen, dabei die Sahne zugeben. Mit Salz, Pfeffer und genügend Balsamico-Essig abschmecken.

5 Nun die Linsensuppe nochmals mit dem Pürierstab aufschäumen, dabei nach und nach die in dünne Scheiben geschnittene Butter daruntermixen. In tiefe Teller geben und mit dem Parmaschinken vollenden.

Dazu schmeckt geröstetes italienisches Weißbrot.

Zubereitungszeit: 50 Minuten (plus Einweichzeit und 40 Minuten Kochzeit)

Kalorien/Joule pro Person: 520/2180

Fischsüppchen mit P

od und Safran

Zutaten für 4 Personen

1 kleiner Fenchel (150 g)
1/2 Stange Lauch (150 g)
2 Stangen Stauden-sellerie
Salz

1/2 l Fischfond (Rezept Seite 139, ersatzweise Fond aus dem Glas)
150 g Zanderfilet
100 g Seeteufelfilet
150 g Lachsfilet
2 EL Olivenöl

2–3 EL Pernod
1 Msp. gemahlenen Safran
50 g kalte Butter
1 TL gehacktes Basilikum
2 TL gehackter Estragon

Zubereitungszeit: 30 Minuten
Kalorien/Joule pro Person: 380/1600

1 Das Gemüse putzen und waschen. Den Fenchel vierteln, vom Strunk befreien und in dünne Streifen schneiden, den Lauch ebenso. Den Staudensellerie in dünne Scheiben schneiden.

2 Das Gemüse nacheinander in reichlich kochendem Salzwasser bißfest kochen und sofort kurz in Eiswasser abschrecken. Herausnehmen und gut abtropfen lassen. Auf diese Weise wird das Gemüse vorgegart, ohne seine Farbe zu verlieren.

3 Den Fischfond in einem Topf aufkochen. Die Fischfilets in 3 cm große Stücke schneiden und leicht salzen. Das Öl in einer Pfanne erhitzen, die Fischstücke darin auf jeder Seite ganz kurz anbraten, herausnehmen und warmstellen. Das Bratfett weggießen und das Gemüse in der Pfanne erwärmen.

4 Pernod und Safran in den heißen Fond geben und alles mit dem Pürierstab aufmixen, dabei die Butter in dünnen Scheiben nach und nach zugeben. Die Kräuter einrühren, eventuell mit etwas Salz nachwürzen. Den Fisch und das Gemüse auf vorgewärmte Teller verteilen und mit der heißen Suppe übergießen.

Frisches Baguette mit einem Hauch Knoblauchöl darauf paßt hervorragend zu dieser Suppe.

» Wenn Sie Bouillabaisse mögen, werden Sie diese Suppe lieben. Das Geheimnis ihres besonderen Aromas liegt im Anbraten der Fische. «

Bratkartoffeln mit M

Zutaten für 4 Personen

20 g getrocknete Morcheln
1/8 l Kalbsfond (Rezept Seite 138, ersatzweise aus dem Glas)
3 EL trockener Sherry
100 ml Sahne
Salz
Pfeffer aus der Mühle

2 Birnen
1 TL Zucker

500 g festkochende Kartoffeln
50 g Butterschmalz
1 TL gehackte Petersilie

Zubereitungszeit: 40 Minuten (plus 30 Minuten Einweichzeit)

Kalorien/Joule pro Person: 350/1460

1 Die Morcheln 30 Minuten im Kalbsfond einweichen. Dann die Pilze halbieren und gut ausspülen. Den Einweichfond durch einen Kaffeefilter gießen und die Morcheln mit 4 EL Fond in 8–10 Minuten weichdünsten.

2 Morcheln herausnehmen und bereit stellen. Gesamten Morchelfond, Sherry und Sahne aufkochen, cremig einkochen lassen. Mit Salz und Pfeffer abschmecken.

3 Die Birnen schälen, vierteln, vom Kerngehäuse befreien und in dünne Scheiben schneiden. Zucker in einem kleinen Pfännchen einmal aufschäumen lassen und mit 3 EL Wasser ablöschen. Die Birnen in den Sirup legen und einige Minuten sanft ziehen lassen, bis sie durch und durch karamelisiert sind.

4 Die Kartoffeln schälen, fein würfeln und im Butterschmalz goldgelb braten. Mit Salz und Pfeffer würzen.

5 Die karamelisierten Birnen mit den Morcheln in der Pilzsauce erwärmen, die frisch gebratenen Kartoffeln und die Petersilie zugeben und durchschwenken. Falls nötig, noch etwas würzen.

6 Das Gericht in vorgewärmten tiefen Tellern servieren.

» Knusprige Kartoffeln, karamelisierte Birnen und cremige Morcheln – sensationell, wie gut diese Extreme sich hier vereinen. «

cheln und Birnen

Gebratene Gambas i

rosecco-Senf-Sauce

1 Den Backofen auf 80° einstellen. Die Gambas am Rücken leicht einschneiden und den Darmstrang entfernen. Gambas kalt abspülen, trockentupfen und salzen.

2 Schalotten und Knoblauchzehe schälen und fein würfeln. Die Butter in einer Pfanne erhitzen und die Gambas darin behutsam von beiden Seiten je 1 Minute anbraten. Herausnehmen, auf einer Platte bei 80° im Ofen 15 Minuten nachgaren lassen.

3 Die Schalotten und den Knoblauch im Bratfett anschwitzen und mit Pernod ablöschen. Mit Prosecco (bis auf einen Schuß) und Sahne aufgießen und die Sauce zu sämiger Konsistenz einkochen lassen, danach durch ein Sieb passieren.

4 Den Senf in der Sauce aufmixen, mit Salz und 1 Prise Zucker würzen und die Gambas in der wieder erhitzten, aber nicht mehr kochenden Sauce schwenken. Den übrigen Schuß Prosecco zugießen.

5 Die Gambas auf vorgewärmten Tellern anrichten und mit der Sauce umgießen.

Zutaten für 4 Personen

8 Gambas ohne Schale (je 80 g, frisch oder tiefgekühlt)
Salz

2 Schalotten
1 Knoblauchzehe
2 EL Butter
1 EL Pernod
200 ml Prosecco (ersatzweise trockener Sekt)
150 ml Sahne
1/2 EL Rotisseur-Senf
Zucker

Zubereitungszeit: 30 Minuten
Kalorien/Joule pro Person: 320/1330

Dazu schmeckt wilder Reis, Salzkartoffeln oder Baguette.

» Schwarzwurzel-Chips sind eine raffinierte Ergänzung zu diesem Gericht.
Dazu einfach eine geschälte Schwarzwurzel in hauchdünne Scheiben schneiden, in heißem Öl fritieren und die Gambas damit garnieren.
Geht auch mit Petersilienwurzeln oder Sellerie. «

Geräucherter Karpfe

Zutaten für 4 Personen

400 g Sauerkraut
150 ml Sahne
200 ml Bouillon (Rezept Seite 138, ersatzweise aus dem Glas)
150 ml Weißwein
1/2 TL Zucker, Salz

700 g Karpfenfilet
4 EL Öl
5 Nelken
2 Lorbeerblätter
1 Thymianzweig
1 Rosmarinzweig
40 g Räuchermehl (gibt's im Anglerladen oder im Zoogeschäft)

100 ml Rotwein
200 ml roten Portwein
80 g kalte Butter

Zubereitungszeit: 1 Stunde

Kalorien/Joule pro Person: 650/2720

1 Das Sauerkraut in einem Sieb unter fließend kaltem Wasser kurz abspülen und gut ausdrücken. Mit Sahne, Bouillon und Weißwein bei geringer Hitze etwa 40 Minuten köcheln lassen. Die Flüssigkeit sollte fast eingekocht sein. Mit Zucker und Salz abschmecken.

2 Inzwischen die Karpfenfilets in vier gleich große Stücke teilen und beidseitig leicht salzen. Das Öl in einen weiten Topf geben und mit einem passenden Stück Alufolie belegen. Nelken, Kräuter und Räuchermehl mischen und auf die Folie geben.

3 Den Fisch auf ein passendes Topfgitter legen und dies in den Topf stellen. Mit einem Deckel fast ganz abdecken und den Karpfen nun bei kleiner Hitze in 15–20 Minuten räuchern.

4 Für die Sauce Rotwein und Portwein zusammen auf 5 EL Flüssigkeit einkochen lassen und nach und nach die Butter in Stückchen daruntermixen (Seite 136).

5 In der Mitte von vorgewärmten Tellern das heiße Rahmsauerkraut anrichten, den warm geräucherten Fisch darauf setzen und mit roter Buttersauce umgießen.

Dazu schmeckt Kartoffelpüree (Rezept Seite 140) und ein frischer, säurebetonter Weißwein, zum Beispiel ein Riesling aus dem Rheingau.

uf Rahmsauerkraut

Pochierte Poularden

st im Wurzelsud

1 Die Poulardenbrüste enthäuten. Das Fleisch leicht salzen und pfeffern.

2 Das Gemüse putzen. Den Lauch längs halbieren, waschen und in dünne Streifen schneiden. Übriges Gemüse waschen, schälen und in sehr dünne Scheiben schneiden oder hobeln.

3 Die Butter in einem Topf erhitzen und das Gemüse darin anschwitzen. Mit dem Essig ablöschen, mit der Brühe aufgießen und aufkochen. Kartoffeln schälen, in kleine Würfel schneiden.

4 Den Ofen auf 80° vorheizen. Die Poulardenbrüste mit den Kartoffeln in den Sud geben und alles 10–15 Minuten knapp unter dem Siedepunkt ziehen lassen.

5 Die Poulardenbrüste aus dem Sud nehmen und im Ofen noch etwa 10 Minuten sanft garen lassen. Den Sud noch etwas einkochen lassen.

6 Zum Schluß den Meerrettich und den Estragon zugeben, dabei etwas zum Garnieren zurückbehalten. Mit Salz und Pfeffer würzen.

7 Das Gemüse mit den Kartoffelwürfeln und etwas Sud auf vorgewärmten Tellern anrichten. Poulardenbrüste schräg in dünne Scheiben aufschneiden, auf dem Gemüse auffächern. Mit Meerrettich und Estragon garniert servieren.

Zubereitungszeit: 1 Stunde

Kalorien/Joule pro Person: 460/1920

Zutaten für 4 Personen

4 Poulardenbrüste mit oder ohne Knochen (je 150–200 g)
Salz
Pfeffer aus der Mühle

1/2 Stange Lauch
2 Möhren (100 g)
1 Petersilienwurzel (100 g)
1 Stück Sellerieknolle (200 g)

20 g Butter
2 EL Balsamico-Essig
3/4 l Bouillon (Rezept Seite 138, ersatzweise aus dem Glas)
150 g Kartoffeln (vorwiegend festkochend)

1–2 EL frisch geriebener Meerrettich
1 EL gehackter Estragon

» Roher Meerrettich hat eine sehr würzige Schärfe, die jedoch schnell verfliegt. Reiben Sie ihn deswegen ganz frisch und geben Sie ihn erst zum Schluß zum Gericht – Kochen zerstört sein Aroma. «

Gefüllte Schweineko

Zutaten für 4 Personen

150 g frischer Blattspinat (ersatzweise 80 g tiefgekühlter Blattspinat)
6 Schalotten
1 kleine Knoblauchzehe
2 EL Butter
2 EL Pinienkerne
4 EL gekochte Graupen (ersatzweise Reis)
4 EL frisch geriebener Parmesan
200 ml Sahne
2 Eier
Salz
Pfeffer aus der Mühle

4 Schweinekoteletts (je 220 g)
3 EL Öl

300 ml Kalbsfond (Rezept Seite 138, ersatzweise aus dem Glas)
1 TL scharfer Senf
2 EL Cognac

Zubereitungszeit: 1 Stunde 15 Minuten

Kalorien/Joule pro Person: 720/3000

Dieses Gericht serviere ich gerne mit Hefeküchlein mit Sonnenblumenkernen (Rezept auf Seite 141).

1 Frischen Spinat putzen, entstielen und gründlich waschen. Blätter gut abtropfen lassen, aufgetauten Spinat gut ausdrücken. Grob hacken. Schalotten und Knoblauch schälen und würfeln.

2 Zwei Drittel der Schalotten und den Knoblauch in einer Pfanne in der Butter anschwitzen. Den Spinat zugeben und unter Rühren zusammenfallen lassen. Pinienkerne, Graupen und Parmesan darunterrühren.

3 100 ml Sahne mit den Eiern aufschlagen und mit dem Spinat vermengen. Die Masse bei sanfter Hitze so lange rühren, bis das Ei stockt. Mit Salz und Pfeffer würzen.

4 Mit einem großen Messer jeweils eine tiefe Tasche in die Koteletts schneiden. Die Koteletts mit Salz und Pfeffer würzen. Den Ofen auf 180° vorheizen. Die Füllung in die Taschen der Koteletts füllen und diese mit Zahnstochern verschließen.

5 Die Koteletts im Öl beidseitig anbraten. Das Fleisch auf eine ofenfeste Platte geben, 8 Minuten im Backofen garen lassen. Die Ofentüre öffnen, bis die Temperatur auf 80° reduziert ist, und die Koteletts noch 10 weitere Minuten sanft garen.

6 Inzwischen im Bratensatz die übrigen Schalotten anschwitzen. Mit Kalbsfond und restlicher Sahne ablöschen und sämig einkochen lassen. Die Sauce mit Salz, Senf und Cognac abschmecken und zu den Koteletts servieren.

etts auf meine Art

Rehrückenfilets mit M

Zutaten für 4–6 Personen

1 TL Zucker
500 g frische Maronen
1/4 l Sahne
300 ml Wildfond (aus dem Glas, ersatzweise Kalbsfond, Rezept Seite 138)
Salz
Pfeffer aus der Mühle

100 g Möhren
100 g Sellerie
1 Stange Lauch
2 Rehrückenfilets (etwa 800 g)
2 EL Öl
1 Zweig Rosmarin
3 Zweige Thymian
1/8 l guter Rotwein
5 Wacholderbeeren
2 EL Preiselbeeren

2 EL geschlagene Sahne

1 Für das Maronenpüree 2 l Wasser mit dem Zucker aufkochen und die Maronen darin samt Schale in 25–30 Minuten weichkochen. Maronen halbieren, das Fruchtfleisch mit einem Teelöffel herauslösen und den »Filz« entfernen.

2 1/8 l Sahne mit 5 EL Wildfond und den Maronen erhitzen, mit Salz und Pfeffer abschmecken und pürieren.

3 Den Ofen auf 80° vorheizen. Möhren und Sellerie schälen und würfeln. Lauch putzen, längs halbieren, waschen und in Stücke schneiden. Die Rehrückenfilets enthäuten, beidseitig salzen und pfeffern.

4 Das Öl in einer Pfanne erhitzen und die Rehrükkenfilets bei mittlerer Hitze auf allen Seiten insgesamt 5 Minuten anbraten. Das Fleisch aus der Pfanne nehmen und im Ofen noch etwa 30 Minuten sanft garen (siehe Seite 136).

onenpüree

5 Im Bratensatz das geschnittene Gemüse samt den Kräutern leicht anbräunen lassen und mit Rotwein und übrigem Wildfond ablöschen. Wacholder- und Preiselbeeren zugeben und die Flüssigkeit um die Hälfte einkochen lassen.

6 Den restlichen 1/8 l Sahne zugeben, die Sauce sämig einkochen lassen, durch ein feines Sieb passieren und warmhalten. Das Maronenpüree unter Rühren erhitzen.

7 Das Püree mit geschlagener Sahne verfeinern und in der Mitte der vorgewärmten Teller anrichten. Den Rehrücken dünn aufschneiden und auf das Maronenpüree plazieren. Die Sauce mit dem Mixstab aufschäumen und das Gericht damit umgießen.

Als Beilage eignen sich hervorragend feines gedünstetes Gemüse (Möhren, Zucchini), dazu frische Spätzle oder Schupfnudeln.

Zubereitungszeit:
1 Stunde 30 Minuten

Kalorien/Joule pro Person: 500/2060

» Für Püree koche ich die ganzen Maronen gerne in leicht gesüßtem Wasser gar und löse sie dann einfach aus der Schale – so schmecken sie feiner. «

Knusprige Weihnacht

ans mit Äpfeln

1 Die gerupfte und ausgenommene Gans kurz mit kaltem Wasser innen und außen waschen und mit Küchenpapier trockentupfen. Die Gans kräftig von allen Seiten sowie im Inneren mit Salz und Pfeffer einreiben. Den Ofen auf 200° vorheizen.

2 Auf dem Herd in einem Bräter das Öl erhitzen und die Gans zuerst auf den Keulen behutsam anbraten, dann die Brust anbraten, so daß die Haut etwas Farbe bekommt.

3 Die Gans auf den Rücken drehen, im Bräter in den heißen Ofen schieben. 40 Minuten braten lassen, dann die Temperatur auf 180° reduzieren und die Gans weitere 1 1/2 Stunden braten lassen. Dabei gelegentlich mit dem eigenen Fett übergießen. Bitte keine Flüssigkeit zugeben!
Wenn Sie als Beilage das Rotkraut (Rezept Seite 141) zubereiten wollen, nun etwa 6 EL Gänsefett abgießen.

4 Äpfel und Zwiebeln schälen. Die Äpfel vom Kerngehäuse befreien und wie die Zwiebeln würfeln. Die Gans nun aus dem Bräter nehmen und bei 80° im Ofen warm halten. (Dazu kurz die Ofentür öffnen).

5 Soviel Gänsefett abgießen, daß etwa 8 EL im Bräter bleiben. Äpfel und Zwiebeln im Bratensatz anbraten, mit Weißwein ablöschen und noch etwas einkochen lassen. Die Sauce pürieren, zur Gans servieren.

Zutaten für 5–6 Personen

1 frische, küchenfertige Gans von 4–5 kg
Salz
Pfeffer aus der Mühle
4 EL Öl
2 Boskoop-Äpfel
2 Zwiebeln
400 ml Weißwein

Zubereitungszeit: 30 Minuten (plus 2 Stunden 10 Minuten Garzeit)

Kalorien/Joule pro Person: 1020/4300

Dazu gibt's traditionell mein Orangen-Zimt-Rotkraut (Rezept auf Seite 141).

Weintip: ein großer Rotwein zum Festtag, zum Beispiel Hospices de Beaune aus Burgund.

» Damit die Gans eine schön knusprige Haut bekommt,
muß sie braten, braten, braten.
Jeder Tropfen Wasser und jedes Stück Apfel im Bräter
würde Dampf entstehen lassen,
der die Haut weich und zäh macht. «

Geeister Christstolle

Zutaten für 8–10 Personen

3 Blatt weiße Gelatine
60 g Zitronat
60 g Orangeat
60 g Sultaninen
5 EL Rum
80 g gehackte Mandeln
80 g dunkle Kuvertüre
80 g Rohmarzipanmasse

150 g Zucker
2 Eier
5 EL Prosecco (oder Sekt)
3 Eiweiß
400 g Sahne
1 TL Lebkuchengewürz
1/2 TL Garam masala (indische Gewürzmischung)

Deko: Mit steif geschlagenem, gezuckertem Eischnee bespritzen, kurz unterm Grill bräunen und mit kandierten Früchten garnieren.

1 Die Gelatine in kaltem Wasser einweichen. Zitronat, Orangeat und Sultaninen im Rum einlegen. Die Mandeln in einer trockenen Pfanne anrösten. Die Kuvertüre raspeln. Das Marzipan zu kleinen Kügelchen formen.

2 50 g Zucker mit einigen Tropfen Wasser in einem Töpfchen schmelzen, aufschäumen und etwas karamelisieren lassen. Mit 100 ml Wasser aufgießen und auf 5 EL Sirup einkochen lassen.

3 Die Eier mit dem übrigen Zucker und dem Prosecco in einer Schüssel in einem Wasserbad warm aufschlagen (siehe Seite 137). Sind die Zuckerkristalle aufgelöst, den Karamelsirup zugeben.

4 Die Kuvertüre und die gut ausgedrückten Gelatineblätter unter die heiße Masse ziehen, bis sich alles aufgelöst hat. Die Masse kalt schlagen, bis zum Festwerden kühl stellen.

5 Das Eiweiß schnittfest und die Sahne steif schlagen. Wenn die Masse fest zu werden beginnt, beides darunterheben.

6 Mandeln, Gewürze, Früchte und Marzipanbällchen unter die Parfaitmasse rühren und diese in zwei kleine Stollen-, Terrinen- oder Kuchenformen füllen. Alles mit Folie abgedeckt 5 Stunden oder am besten über Nacht in den Gefrierschrank stellen.

Zubereitungszeit: 1 Stunde (plus 5 Stunden Kühlzeit)

Kalorien/Joule pro Person: 390/1640

» Selbstgemachtes Parfait bildet beim Gefrieren oft kleine Kristalle. Wenn Sie aber etwas Gelatine in die Masse geben, bleibt sie auch im Tiefkühler geschmeidig. «

nit Marzipan

Kokosnußtimbale mi

1 Den Ofen auf 180° vorheizen. Einen Topf mit soviel Wasser füllen, daß es bis 3/4 unter den Rand der Förmchen reicht. Die Förmchen herausnehmen, gut ausbuttern und mit Kartoffelstärke ausstäuben. Das Wasser aufkochen und den Topf in den Ofen stellen.

2 Die Butter mit 3 EL Zucker schaumig rühren, zum Schluß Eigelb, Kokosraspel und Kokosmilch einrühren.

3 Das Eiweiß mit dem übrigen Zucker zu Schnee schlagen und vorsichtig unter die Kokosmasse heben. Die Förmchen zu 3/4 mit der Masse auffüllen und im Ofen in dem Wasserbad je nach Weite der Förmchen 15–25 Minuten garen lassen.

4 Für die Sauce den Ingwer schälen und fein reiben. Mit Sahne, Rum und Zucker aufkochen. Die Schokolade in die Sauce raspeln und zerlaufen lassen. Sollte die Sauce zu dick werden, mit etwas Sahne verdünnen.

5 Die gegarten Timbalen aus dem Wasserbad nehmen, den Rand jeweils mit einem kleinen Messer lösen und die Timbalen stürzen. Auf einen Teller setzen und mit der Schokoladensauce servieren.

Zubereitungszeit: 45 Minuten

Kalorien/Joule pro Person: 470/1980

chokoladen-Ingwer-Sauce

Zutaten für 4 Personen

4 Timbaleförmchen
Kartoffelstärke und
Butter für die Förmchen

50 g weiche Butter
40 g Zucker
2 Eigelb
80 g Kokosraspel
2 EL ungesüßte
Kokosmilch (Dose)
3 Eiweiß

1 Stück frischer Ingwer
(2 cm)
100 ml Sahne
1 EL Rum
1 EL Zucker
80 g Bitterschokolade

» Profis verwenden für kleine Aufläufe Timbaleförmchen aus Edelstahl oder Porzellan. Sie können aber als Ersatz ebenso gut normale Kaffeetassen nehmen. «

Karamelisierte Mang

örtchen

1 Das Mehl in eine Schüssel sieben, ein Mulde formen und die weiche Butter, Ei, Zucker und 1 Prise Salz hineingeben. Alles von Hand miteinander vermengen. Dabei nicht zu lange kneten, sonst wird der Teig zäh. Den Teig in Folie wickeln und 30 Minuten kühl stellen.

2 Den Zucker in einem kleinen Töpfchen schmelzen und aufschäumen lassen, bis ein nicht zu dunkler Karamel entsteht. Den Boden von 4 Tarteletteförmchen aus Glas oder Keramik (Ø etwa 10 cm) mit dem flüssigen Zucker ausgießen und abkühlen lassen. Anschließend den Karamel mit der Butter bestreichen.

3 Den Ofen auf 180° vorheizen. Die Mangos schälen, das Fruchtfleisch am Kern entlang halbieren und in dünne Scheiben aufschneiden.

4 Die Mangoscheiben rosettenförmig in den Förmchen auffächern, 7–8 Minuten im Backofen garen und abkühlen lassen. Den Ofen auf 200° aufheizen.

5 Den Teig vierteln und flachdrücken. Jedes Viertel auf bemehlter Fläche passend zu den Förmchen 1 cm dick auswallen. Vorsichtig auf die Mangoschnitze legen und überlappenden Teig wegschneiden.

6 Die Mangotörtchen für 20 Minuten auf der Mittelschiene in den heißen Ofen schieben. Die fertigen Törtchen etwas abkühlen lassen, bis sie lauwarm sind, und auf Dessertteller stürzen. Noch warm oder auch kalt servieren.

Zutaten für 4 Personen

100 g Mehl
75 g weiche Butter
1 kleines Ei
2 EL Zucker
Salz

130 g Zucker
80 g flüssige Butter
2 kleine oder 1 große reife, feste Mango

Dazu schmeckt leicht angeschlagene Sahne, die mit etwas Vanillezucker aromatisiert wird.

Zubereitungszeit:
1 Stunde 15 Minuten

Kalorien/Joule pro Person: 610/2560

» Wärmen Sie Tarteletteförmchen im Ofen etwas an, bevor Sie den Karamel hineingießen – dann verteilt er sich besser. «

Grundsätze meiner L

Einfach gut kochen, das heißt, daß die simple Lösung oft die beste ist. Einige für meine Küche typischen Techniken, Geräte, Zutaten und Grundrezepte sollten Sie trotzdem kennen – damit es noch einfacher für Sie wird, richtig gut zu kochen.

Wissenswerte Techniken

Anbraten
Braten Sie so sanft wie möglich und so heiß wie nötig. Erst die Pfanne erhitzen, dann das Fett. Nun das Stück auf mittlerer Hitze anbraten – so daß sich die Poren schließen und kein Saft austritt, aber ohne daß eine harte Kruste entsteht. Zum Wenden einen Pfannenwender oder Löffel nehmen, niemals mit der Gabel in Fleisch oder Fisch stechen.

80-Grad-Garen
Dazu wird Fleisch oder Fisch angebraten und kommt in den auf 80° temperierten Ofen. Dort gart es sanft und lange, was es besonders zart macht. Ein Filetsteak von 180 g ist zum Beispiel nach 30 Minuten durch und durch rosa – und bleibt dies auch nach 1 Stunde. Denn wichtiger als die Garzeit ist die konstante Temperatur, die 90° nie übersteigen darf. Ein Muß dabei: das Backofenthermometer.

Blanchieren
Dazu wird geschnittenes Gemüse in Salzwasser gerade bißfest gekocht. Dann in eiskaltem Wasser – eventuell mit Eiswürfeln darin – abschrecken und abtropfen lassen. So bleibt die Farbe des Gemüses erhalten, außerdem läßt es sich »à la minute« fertiggaren.

Pochieren
Dabei wird empfindliches Fleisch wie Geflügel und vor allem Fisch in einem würzigen Sud oder Fond knapp unter dem Siedepunkt gegart. Die Flüssigkeit darf nicht kochen, da sonst das Stück trocken wird.

Reduzieren
Wenn ich eine Sauce nicht direkt aus Knochen, Gräten oder beim Schmoren ziehe, nehme ich Fond als Basis. Damit dieser kraftvoll genug ist, wird er eingekocht. Beim Reduzieren setze ich oft Madeira oder Noilly Prat zu: Der Alkohol verfliegt, die Essenz bleibt. Wird Sahne zur Bindung zugesetzt, koche ich die Sauce nochmals sämig ein.

Aufmontieren
Durch Aufmontieren mit Butter wird Sauce oder Suppe zarter auf der Zunge und bindet. Dazu werden nach und nach dünne Scheiben von kalter Butter unter die heiße Flüssigkeit geschlagen. Am besten geht dies mit dem Stabmixer, der zugleich

dhausküche

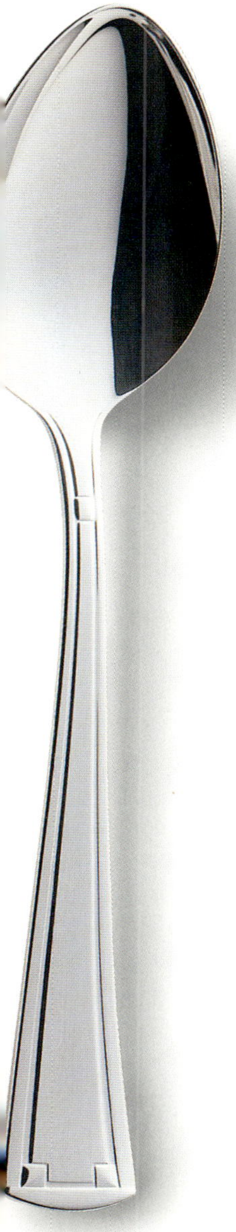

noch Luft unterschlägt. Bei Sahnesaucen oder -suppen verstärkt dies noch etwas untergemixte geschlagene Sahne. Montierte Saucen bitte nicht mehr kochen.

Aufschlagen im Wasserbad

Viele Cremes und Saucen mit hohem Eigehalt und ohne Stärke werden im Wasserbad aufgeschlagen, damit sie langsam binden und ohne zu Gerinnen »Luft holen« können. Dazu Ei und Flüssigkeit in einen Schlagkessel oder eine Schüssel aus Metall geben. Diese in einen Topf mit siedendem Wasser setzen und die Masse luftig aufschlagen, bis sie heiß und dickcremig ist. Wird die Masse kalt weiterverarbeitet, die Schüssel in Eiswasser setzen und alles kaltschlagen.

Wissenswerte Zutaten

Balsamico-Essig

Er kommt meiner Vorliebe für die Kombination von Süße, Säure und Aroma entgegen. Nicht nur zum Salat, sondern auch in Saucen zu Fisch oder Geflügel bewirkt er Geschmackswunder – wenn er von guter Qualität ist. Der teure »Aceto balsamico tradizionale« empfiehlt sich für kleine Dosen mit großer Wirkung. Auch einfacher Balsamico-Essig kann Substanz haben, soweit es keine Billigsorte ist.

Garam masala

Diese »wärmende Gewürzmischung« ist das nordindische Gegenstück zum südindischen Curry. Meist besteht sie aus Kreuzkümmel, Kardamom, Koriander, Muskat, Nelken, Zimt, Lorbeer und Pfeffer. Ich liebe diesen Geschmack – im Rotkrautsalat, in der Tomatensuppe und sogar in manchen Desserts. Garam masala gibt es in Asienläden.

Madeira

Mit diesem portugiesischen Dessertwein gebe ich kräftigen Fleischsaucen gerne aromatischen Gehalt und etwas Süße, besonders wenn ihnen Sahne zugesetzt wird.

Noilly Prat

Dieser Wermut der Sonderklasse ist in meiner Küche das helle Gegenstück zum Madeira. Vor allem bei Fischgerichten und -suppen ist er ein Muß, das durch anderen Wermut nicht ersetzt werden kann. Dann lieber einen gehaltvollen, würzigen Weißwein zum Ausgleich.

Schalotten

Sie sind die feinen Schwestern in der Zwiebelfamilie und im Aroma weniger aufdringlich als ihre Verwandten. In Vinaigrettes und zarten Saucen verwende ich nur sie.

Grundrezepte meine

Kalbsfond

Als konzentrierter brauner Fond eignet er sich für Saucen. Für Suppe wird der hellere, nicht eingekochte Fond verwendet.

Zutaten für etwa 1 l braunen oder etwa 6 l hellen Fond:

2 kg gehackte Kalbsknochen
400 g Kalbfleischabschnitte ohne Fett
1 Zwiebel
400 g Möhren
400 g Knollensellerie
1 Stange Lauch
6 EL Öl
2 EL Tomatenmark
2 l Rotwein

1 Knochen und Fleisch kalt abspülen. Zwiebel, Möhren und Sellerie schälen und würfeln. Lauch putzen, waschen und in Stücke schneiden.

2 In einem großen Topf das Öl erhitzen und darin Knochen und Fleisch 10 Minuten anbraten, das Gemüse zugeben und weitere 10 Minuten braten. Darauf achten, daß beides nicht zu dunkel wird.

3 Fett abgießen und das Tomatenmark 4 Minuten mitrösten. Mit Rotwein ablöschen, diesen auf die Hälfte einkochen lassen und alles mit 10 l kaltem Wasser bedecken.

4 Den Fond 4 Stunden auf kleinster Stufe köcheln lassen, dabei aufsteigenden Schaum abschöpfen. Fertigen Fond passieren und für konzentrierten Kalbsfond auf 1 l einkochen lassen. Abkühlen und abfüllen.

Zubereitungszeit: 40 Minuten (plus 4 Stunden Garzeit)

Rinderbouillon

Diese Brühe ist die Basis für viele Suppen und immer dann geeignet, wenn würzige Flüssigkeiten mit Fleischgeschmack gefragt sind.

Zutaten für etwa 2,5 l:

3 kg Rinderknochen (Markknochen)
2 Zwiebeln
200 g Möhren
1 Stange Lauch
2 Lorbeerblätter
4 Wacholderbeeren
2 Nelken

1 Die Knochen beim Metzger hacken oder sägen lassen. Reichlich Wasser aufkochen und die Knochen darin blanchieren. Im Sieb kalt abspülen.

2 Die nun gesäuberten Knochen mit 5 l kaltem Wasser bedecken und langsam aufkochen. Dabei den aufsteigenden Schaum abschöpfen.

3 Zwiebeln mit Schale waschen, quer halbieren und die Schnittflächen in einer trockenen Pfanne anrösten. Möhren schälen, Lauch putzen, waschen und halbieren. Beides in Stücke schneiden.

4 Gemüse mit den Gewürzen in die heiße Brühe geben und alles bei kleiner Hitze 4 Stunden sieden lassen.

5 Ein Sieb mit einem feinen Tuch auslegen, die Brühe durchpassieren, nochmals aufkochen und abfüllen.

Zubereitungszeit: 30 Minuten (plus 4 Stunden Garzeit)

andhausküche

Fischfond

Fischfond ist eine wichtige Basis für Saucen und Suppen sowie zum Pochieren.

Zutaten für etwa 2 l:

2 kg Fischgräten (z. B. von Seezunge, Seeteufel, Seewolf)
1 halbe Fenchelknolle (100 g)
1/2 Stange Lauch (200 g)
4 Stangen Staudensellerie (150 g)
150 g Knollensellerie
6 Schalotten

4 EL Olivenöl
1/4 l Weißwein
1/8 l Noilly Prat (französischer Wermut, ersatzweise trockener Weißwein)
3 Lorbeeblätter
2 TL Pfefferkörner
5 Nelken
5 Wacholderbeeren
2 Knoblauchzehen

1 Die Fischgräten grob hacken und in einer Schüssel 15 Minuten unter fließend kaltes Wasser stellen. Gemüse putzen und waschen. Fenchel und Lauch in Streifen schneiden. Staudensellerie in Scheiben schneiden. Knollensellerie und Schalotten schälen und würfeln.

2 Öl in einem großen Topf erhitzen und die abgetropften Gräten darin mit Gemüse und Schalotten 3 Minuten anschwitzen. Mit Wein und Noilly Prat ablöschen und mit etwa 2 l kaltem Wasser knapp bedecken.

3 Mit Gewürzen und geschältem Knoblauch 30 Minuten sanft ziehen lassen. Den entstehenden Schaum abschöpfen.

4 Die Gräten aus dem Fond heben. Sieb mit einem Küchentuch auslegen und den Fond passieren. Aufkochen, abkühlen lassen und abfüllen.

Zubereitungszeit: 30 Minuten (plus 30 Minuten Garzeit)

Gemüsebouillon

Diese Brühe ist eine hervorragende Alternative, wenn Fonds oder Brühen auf Fleisch- und Fischbasis nicht gefragt sind.

Zutaten für etwa 2 l:

3 Zwiebeln (200 g)
600 g Möhren
700 g Knollensellerie
2 Stangen Lauch
500 g Weißkraut
2 EL Olivenöl
1 EL Tomatenmark
400 g Tomaten
200 g Champignons
1 Knoblauchzehe
2 Lorbeerblätter
3 Nelken
1 EL schwarze Pfefferkörner

1 Zwiebeln mit Schale waschen und quer halbieren. Die Schnittflächen in einer trockenen Pfanne anrösten. Möhren und Sellerie schälen, Lauch putzen und waschen. Weißkraut putzen und vom Strunk befreien.

2 Die vorbereiteten Gemüse grob würfeln. Öl in einem großen Topf erhitzen und die Gemüsewürfel samt dem Tomatenmark darin kräftig anbraten. Mit 4 l kaltem Wasser aufgießen, die gebräunte Zwiebel zugeben. Langsam aufkochen lassen, den Schaum abschöpfen.

3 Tomaten waschen, entkelchen und würfeln. Champignons putzen, mit einem Tuch abwischen und vierteln. Beides samt Knoblauch und Gewürzen zum Sud geben und 3 Stunden auf kleiner Stufe sieden lassen.

4 Ein Sieb mit einem Tuch auslegen und die Bouillon passieren. Aufkochen, abkühlen lassen und abfüllen.

Zubereitungszeit: 30 Minuten (plus 3 Stunden Garzeit)

Grundrezepte meine

Lammsauce

Ergibt 200 ml:

2 kg Lammknochen
1/2 Stange Lauch (300 g)
2 Zwiebeln
250 g Knollensellerie
2–3 Möhren (300 g)
1 Knoblauchzehe
2 Zweige frischer Rosmarin
4 Zweige frischer Thymian

4 EL Öl
1 EL Tomatenmark
500 ml kräftigen Rotwein

1 Die Lammknochen vom Metzger kleinhacken lassen. Lauch putzen und waschen. Zwiebeln, Sellerie und Möhren schälen. Alle Gemüse grob würfeln. Ungeschälte Knoblauchzehe und die Kräuter waschen.

2 Öl im Bräter erhitzen und die Knochen 10 Minuten anbraten. Gemüse 10 Minuten mitbraten. Beachten Sie, daß Knochen und Gemüse nicht zu dunkel werden, das macht die Sauce bitter.

3 Das Fett abgießen und das Tomatenmark kurz mitbraten. Mit dem Rotwein ablöschen und diesen fast einkochen lassen. Die Knochen mit etwa 2 l Wasser aufgießen, bis sie bedeckt sind.

4 Den Fond 3 Stunden köcheln lassen, falls nötig noch Wasser zugießen. Nun die Sauce durch ein Sieb passieren und auf 200 ml einkochen lassen. Mit Salz und Pfeffer würzen.

Je nach Rezept wird die Sauce mit kalter Butter aufmontiert – für 200 ml sind etwa 30 g nötig (siehe Seite 136). Wenn Sie die Hälfte des Rotweins durch Madeira oder Portwein ersetzen, erhält die Sauce einen besonders gehaltvollen Grundgeschmack.

Zubereitungszeit: 45 Minuten (plus 3 Stunden Garzeit)

Kartoffelpüree

Als Beilage für 4 Personen:

300 g mehlig kochende Kartoffeln, Salz
80 g weiche Butter
100 ml Milch
100 ml Sahne
Muskatnuß

1 Die Kartoffeln schälen und je nach Größe halbieren oder vierteln. Knapp mit lauwarmem Salzwasser bedecken und schnell aufkochen. In 15-20 Minuten gar kochen. Abgießen und im heißen Topf eine Minute ausdämpfen lassen. Milch mit der Sahne erhitzen.

2 Die Kartoffeln heiß durch die Presse drücken und mit einem Kochlöffel die weiche Butter daruntermengen. Dann die heiße Flüssigkeit unter ständigem Rühren zugeben. Das fertige Püree mit Salz und Muskat würzen. Vorm Servieren 2 EL frisch gehackte Kräuter wie Schnittlauch, Petersilie oder Kerbel darunterziehen.

Zubereitungszeit: 30 Minuten

Strudelteig

Zutaten für 1-2 süße Strudel:

300 g Mehl
1/2 TL Salz
150 ml lauwarme Milch
1 Ei, 2 EL Öl

Zutaten für 1 pikanten Strudel:

200 g Mehl
1/2 TL Salz
5 EL lauwarmes Wasser
1 Ei, 1 EL Öl

1 Mehl mit Salz mischen und eine Mulde darin formen. Flüssigkeit, Ei und Öl verquirlen und in die Mulde geben. Alle Zutaten rasch zu einem geschmeidigen Teig verkneten. Zur Kugel formen, in einer Schüssel mit einem feuchten Tuch abdecken, ohne den Teig zu berühren, und 30 Minuten an einem warmen Ort ruhen lassen.

2 Nun den Teig in 1 oder 2 Portionen auf einem bemehlten

andhausküche

Küchentuch dünn ausrollen. Die Handrücken von den Ecken her darunterschieben und den Teig behutsam ausdehnen. Zum Schluß den Teig mit den Fingerspitzen hauchdünn ausziehen.

3 Den Teig wie im Rezept beschrieben belegen, dabei etwas Rand lassen. Das Tuch von der Längsseite her so anheben, daß der Strudel sich aufzurollen beginnt. Die Seitenränder umschlagen und den Strudel fertig aufrollen. Je nach Rezept fertig backen.

Zubereitungszeit: 10 Minuten (ohne Ausrollen und Ausziehen; plus 30 Minuten Ruhezeit)

Hefeküchlein mit Sonnenblumenkernen

Eine originelle Beilage für 4 Personen zu etwas deftigeren Fleischgerichten.

180 ml lauwarme Milch
30 g Hefe, Zucker
250 g Weizenmehl
70 g Dinkelmehl, Salz
1 Ei, 1 Eigelb
150 g geröstete Sonnenblumenkerne
reichlich Öl zum Braten

1 Milch mit zerbröckelter Hefe, 1 Prise Zucker und 180 g Weizenmehl glattrühren. Den Vorteig mit einem Tuch abdecken und an einem warmen Ort 15 Minuten gehen lassen.

2 Restliche Mehle und etwas Salz daruntermengen, dabei nach und nach Ei und Eigelb zugeben. Den Teig zugedeckt 1 Stunde gehen lassen.

3 Kerne in einer trockenen Pfanne anrösten und mit dem gegangenen Teig verkneten. Daraus Küchlein formen.

4 Öl in einer beschichteten Pfanne erhitzen. Küchlein bei mittlerer Hitze in 2–3 Minuten auf beiden Seiten goldgelb backen und auf Küchenpapier abfetten lassen.

Zubereitungszeit: 20 Minuten (plus 1 Stunde 15 Minuten Ruhezeit)

Orangen-Zimt-Rotkraut

Es schmeckt besonders gut mit dem Bratfett vom Gänsebraten statt fertigem Schmalz (siehe Rezept Seite 129).

Zutaten für 6–8 Personen:

1 Kopf Rotkraut (2 kg)
Salz
200 ml Rotweinessig
4 Zwiebeln (250 g)
4 Äpfel (500 g)
6 Lorbeerblätter
8 Nelken
4 EL weiße Pfefferkörner
150 g Gänseschmalz
1 l Rotwein
1 l Bouillon
3/4 l frisch gepreßter Orangensaft
300 g Apfelmus
50 g Preiselbeeren
1/4 TL Zimt
2 EL Honig
2 TL Garam masala (indische Gewürzmischung, siehe Seite 137)
2 EL Kartoffelstärke

1 Das Kraut putzen, vierteln, vom Strunk befreien und hobeln. Salzen und mit Essig vermischt 3 Stunden im Kühlschrank ziehen lassen.

2 Zwiebeln und Äpfel schälen. Zwiebeln in Streifen schneiden, Äpfel vierteln, entkernen und in Scheiben schneiden. Die ganzen Gewürze in einem Tuch einschlagen und zubinden.

3 Die Zwiebeln und das Rotkraut in 2 EL Schmalz andünsten. Mit vorbereiteten und übrigen Zutaten außer der Kartoffelstärke in 60 Minuten weich köcheln.

4 Stärke mit etwas Wasser verrühren, zum Rotkraut geben und aufkochen. Mit Salz und Pfeffer abschmecken.

Zubereitungszeit: 1 Stunde 15 Minuten (plus 3 Stunden zum Marinieren)

Christian Henze,
geboren im Sommer 1968, führt gemeinsam mit seiner Frau Pia das Hotel und Restaurant »Landhaus Henze« in Probstried bei Kempten. Nach einer gründlichen Kochausbildung und ersten Gesellenjahren in seiner Heimat verbrachte der Allgäuer prägende Jahre in der Küche von Agnes Amberg in Zürich.
In Eckart Witzigmanns »Aubergine« in München holte er sich den letzten Schliff für die Spitzengastronomie, bevor ihn Gunter Sachs als Privatkoch engagierte. Zwei ereignisreiche Jahre später verabschiedete sich Christian Henze vom internationalen Jetset und verwirklichte im Allgäu seinen Traum vom eigenen Landhaus mit hohem Niveau.

Foto: privat

Inzwischen besitzt das Landhaus Henze zahlreiche Auszeichnungen und wird von allen wichtigen Gastronomieführern als eine der besten Adressen der Region genannt. In ganz Bayern und darüber hinaus kennt man Christian Henze als den Küchenprofi, der jeden Montag in der »Schlemmerecke« von Bayern 1 ein besonderes Gericht empfiehlt – stets nach der Devise »Einfach gut kochen«. Die Lieblingsrezepte aus dieser Sendung sind die Basis dieses Kochbuches.

Christian Teubner,
einer der international renommiertesten Foodfotografen, hat sowohl Rezeptfotos als auch alle Küchenszenen und das Titelbild für dieses Buch produziert.

Studio und Archiv für Foodfotografie Teubner
Das von Christian Teubner 1962 gegründete Unternehmen genießt international größtes Ansehen. Christian Teubner – Fotograf, Koch und Gourmet – hat auf unzähligen Reisen durch alle Kontinente das Wesen der Landesküchen kennengelernt. In seinem Studio wird dieses Wissen in hochwertige Profi-Bücher umgesetzt. Besonderes Augenmerk legt er dabei auf die naturgetreue Wiedergabe der verwendeten Produkte. Das Fotoarchiv umfaßt eine der größten Sammlungen an warenkundlichen Aufnahmen weltweit.
Die Fotos auf den Seiten 17, 22, 38, 48, 59, 63, 97 und 117 stammen aus diesem Archiv.

Beim Kochen im Studio haben mitgeholfen:
Waltraud Vogel
Alexander Vögele
Thomas Bauer

Ein Dank des Autors
für die Mithilfe bei der Entstehung dieses Buches geht vor allem an seine Frau Pia

Der Verlag bedankt sich
bei den Firmen WMF und Hutschenreuther für die Unterstützung mit Requisiten

Rezept auf der Umschlagrückseite:
Gemüsequiche mit Mozzarella von Seite 12

Die Temperaturangaben bei Gasherden variieren von Hersteller zu Hersteller. Welche Stufe Ihres Herdes der jeweils angegebenen Temperatur entspricht, entnehmen Sie bitte der Gebrauchsanweisung.

Redaktion: Sebastian Dickhaut, Sabine Sälzer
Layout, Typographie und Umschlaggestaltung: Heinz Kraxenberger
Satz und Herstellung: Sylvia Lingner
Produktion: Helmut Giersberg
Kooperation: Dr. Roland Scheble, Bayern 1
Reproduktion: Repro Schmidt, A-Dornbirn
Druck und Bindung: Appl, Wemding
ISBN 3-7742-3391-8

Auflage	5.	4.	3.	2.	1.
Jahr	2002	2001	2000	1999	1998